RETRATO DE CRÍTICO
CON ESPEJO ROTO

Manuel Sosa (Meneses, Las Villas, 1967). Poeta y ensayista. Ha publicado: *Utopías del Reino* (Premio David de Poesía, Premio Nacional de la Crítica, 1992); *Saga del tiempo inasible* (Premio Pinos Nuevos, poesía, 1995); *Canon* (poesía, 2000); *Todo eco fue voz* (antología personal, 2007); *Una doctrina de la invisibilidad* (poesía, 2008), *Contra Gentiles* (ensayos, 2011), *Arte de horadar* (ensayos, 2017) y *Sanskrit* (poesía, 2017). Actualmente reside en Scottdale, Georgia, USA.

Manuel Sosa

RETRATO DE CRÍTICO
CON ESPEJO ROTO

De la presente edición, 2018

© Manuel Sosa
© Editorial Hypermedia

Editorial Hypermedia
www.editorialhypermedia.com
www.hypermediamagazine.com
hypermedia@editorialhypermedia.com

Edición y corrección: Ladislao Aguado
Diseño de colección y portada: Herman Vega Vogeler

ISBN: 978-1-948517-30-0

Quedan prohibidos, dentro de los límites establecidos en la ley y bajo los apercibimientos legalmente previstos, la reproducción total o parcial de esta obra por cualquier medio o procedimiento, ya sea electrónico o mecánico, el tratamiento informático, el alquiler o cualquier otra forma de cesión de la obra sin la autorización previa y por escrito de los titulares del copyright.

ENTREVISTA CON EL INQUISIDOR

Usted anunciaba el fin de la «poesía de consumo» y el advenimiento del «poema especializado», y comprobamos que esas profecías no acaban de cumplirse. ¿Por qué?

Luego de una necesaria condensación, la poesía se tuvo que dispersar. Un estallido, con chispas, humo y todo eso. Se han retomado los vicios iniciales. Ha regresado la música, y el metro, la rima, la confesión, las enumeraciones, las zampoñas y los rebaños. Y reacciones a esos rebaños: lo coloquial y lo localista como refutación. Nos han dado de bofetadas.

Viniendo usted de un espacio encerrado en retórica pura, la isla, ¿cómo le afecta este exilio que se sigue prolongando?

El poeta mira al pasado, y no termina de pagar su deuda. Yo privilegio la palabra, pero dejando un espacio al cinismo. Nadie escribe para el lector de turno. Esa es mi justificación. Cada cual busca la que le conviene. Pero todavía (todavía) no acudiré a la lástima y el panfleto.

¿Y cuándo es que los intelectuales cubanos comenzarán a manifestar el cinismo que profesan en otros medios que no son precisamente «literarios»?

Muy pocos intelectuales son capaces de soltar el trozo de túnica que les tocó asir. Discuten y lo orientan todo hacia una perspectiva optimista, sin que ello cambie las circunstancias. Los referentes siguen siendo los mismos: Poder, Doctrinal, Casta…

¿Sería exagerado afirmar que ha surgido una especie de bravuconería en la poesía actual cubana?

Desesperación sí hay. El problema es que los bravucones son provincianos, usan referentes insulsos (los poetas retóricos y aplaudidores que les antecedieron), se auto-incluyen en otra antología más. Tienen mucho de aquel primer Raúl Rivero, pero con ideología rebobinada. Para no meterse con el patriarca, se meten con el hijo bobo del patriarca.

¿Se pudiera aseverar, como hemos escuchado hace poco, que es preciso buscar un segundo idioma?

¡Pero si aún no hemos encontrado el primero!

¿Bitácoras, éter, ciberespacio?

Pasen a ver, aquí está la regordeta que consulta su manual de repostería: entre pastel y pastel transcribe sus reflexiones. Un periodista municipal nos atiborra de poemas y refranes. Aquel otro declamador nos quiere vender sus mañas escénicas. Democracia, posibilidad, acceso, aplausos.

¿En qué guerra podremos encontrarlo dentro de unos meses, años?

Tanta lucidez me paraliza. Por supuesto, ya tendré que anotarme en alguna facción, so pena de verme apedreado por culpa de mi crónica impasibilidad. Son muchas alianzas, y basta con alejarse del blanco para que el dardo te busque: el dardo extraviado, que siempre hay alguno. Ser (o considerarse) intelectual basta para que te traten de captar. O para que te golpeen sin compasión.

¿Vivimos otro período de lasitud entre las tantas agonías de Nerón?

La ansiedad nos ha ido resquebrajando. El moribundo no es tal: le han prolongado la vida. Le hemos prolongado la vida. Y ya no importa que muera.

¿Géneros dentro del género? ¿En la poesía, en la prosa?

Sólo oportunidades que los escritores no pueden desdeñar, por resultarles tan convenientes.

¿Escribir ha resultado entonces un trofeo, una ganancia que se ostenta?

Yo siempre vuelvo al muchacho tímido, que no quería mostrar a los amigos las cuartillas de la noche anterior. ¡Qué vergüenza, Dios! Ese pudor, esa resistencia a desnudarse ha de ser literatura. Lo demás es exhibicionismo.

¿Tendré que pasar por alto la pregunta donde le pido que argumente tal visión con un fragmento suyo?

Sí.

¿Quiénes se ocuparán de revisar y replantear el Canon?

Ya el hecho de hacerse la pregunta implica una preocupación por sistematizar algo que se alimenta de tiempo e ironía despiadada. Usted ocúpese de conocerse a sí mismo. Será difícil zafarse del baúl, del desván adonde irán a parar todos nuestros libros.

¿No está usted jugando a explicar certezas?

Mire alrededor. Abren la boca y sueltan eso de que «ladran, Sancho» cada vez que pueden, aunque se les diga que la frase es apócrifa. Nos desgastamos adoctrinando, y escribiendo el manual de conducta. Y lo mejor del juego viene luego, cuando nos apresuremos a borrar lo imborrable.

MERCADOS DE AVES Y OTROS SITIOS

En 1946, Jorge Luis Borges fue nombrado 'Inspector de mercados de aves de corral' por el gobierno peronista como «premio», entre otras cosas, a opiniones como esta:

> *Las dictaduras fomentan la opresión, las dictaduras fomentan el servilismo, las dictaduras fomentan la crueldad; más abominable es el hecho de que fomenten la idiotez. Botones que balbucean imperativos, efigies de caudillos, vivas y mueras prefijados, ceremonias unánimes, la mera disciplina usurpando el lugar de la lucidez... Combatir estas tristes monotonías es uno de los muchos deberes del escritor.*

Esas palabras siguen teniendo la peligrosa vigencia de siempre, por muy desoídas que resulten. Borges tuvo que renunciar a su trabajo en la biblioteca y buscarse la vida enseñando, lo cual terminó puliendo su faceta de comunicador. La impotencia de aquel gobierno le cerró unas puertas para abrirle otras, para bien suyo y de sus lectores.

A nosotros nos tocó presenciar otro tipo de retribuciones: escritores condenados al ostracismo, a sobrevivir como obreros y oscuros funcionarios para desgastarles la mirada incisiva. Y pese a que lograron borrar a muchos de ellos, tan opresiva la carga, tan prolongada y sórdida, nos quedan los nombres de quienes insistieron en proseguir su obra con la mirada puesta en las redenciones que ella misma les propiciaría, en vida o en muerte. Otros, sin embargo, jugaron a la suerte del bufón desterrado de Cortes, confiando en que su dueño alguna vez cambiaría de parecer y les traería de regreso, todo arpegios y chanzas. «Fue un malentendido», suspiran satisfechos ahora, mientras pulen el cuerno de plata con que les pagaron.

Ya sabemos cuán caprichosos pueden ser los oficios en Cuba. Y lo caprichosos que suelen ser esos que dicen saber gobernar. Para fomentar la idiotez se arman de un cuerpo altisonante, que preparan de un día para otro, anteponiendo la conveniencia a la eficacia. Tuvimos maestros que se jactaban de su ineptitud, médicos que revendían todo lo que pasase como material etílico, ingenieros que se especializaban en provocar filtraciones, directores de cultura que preguntaban si aquella cosa que alguien leyó eran «versos o décimas», asesores literarios que prometían juntar al Cucalambé con el Indio Naborí en una misma actividad, agentes policiales que se ofrecían a traer desde La Habana a la Peláez, editores que apenas entendían las noticias de sus periódicos. Tuvimos incluso a un abogado mediocre, de esos que a duras penas memorizaron algunas leyes, convertido en primer ministro, explicando a unos estupefactos campesinos cómo se debía cultivar el arroz, interrumpiendo a un meteorólogo de la televisión para imponerle sus criterios, elaborando proyectos genéticos en su cabeza neroniana, derrotando ajedrecistas, ¡escribiendo prosas reflexivas!

Y así, viene al caso otro personaje que trató de convencerse y convencernos de que la cercanía de palabras como «economista» y «comunista» bastaba para identificarlas y juntarlas en una misma convicción. Este personaje era argentino, como Borges. Pero ya lo hemos constatado: no todos los argentinos han tenido la decencia de apartarse de los mercados de aves, o de los degolladeros.

EL BARRIO POBRE DE LA POESÍA URBANA

La última vez que miramos, la poesía cubana procuraba demostrar su inocencia de tantos cargos que se le imputaban. Ese afán inculpatorio no podía venir de una crítica concienzuda, que no existía, o de una posible asechanza del consumidor, siempre insuficiente, sino de los propios escritores, llamados a purgar facilidad, sentimiento o expresión. Sopesaban el veredicto, en tanto esgrimían el mejor argumento: buscar la poesía en otra parte, no en los libros, no en el verso; acosarla y hacerla selectiva; replantear el texto como un ingrediente más, y despojarlo de protagonismo. La sentencia había sido dictada de antemano: culpable.

Algún provecho se puede sacar de estos disturbios literarios, cada vez que ocurren. Queda la conciencia en estado de alerta, por muy provinciana que nos parezca la alteración del mapa y las paradojas que contiene. Por ejemplo, la obsesión por librarse del sentimentalismo terminaba siendo otra efusividad, porque era prolija en datos que justificaban ese alejamiento. Al último vanguardismo cubano se le notaba el esfuerzo. Además, el foco ya no era el texto, más bien la recepción y las noticias que el texto llegaría a conseguir. En realidad, ni siquiera se necesitaba escribir, o saber insinuar la escritura. El hallazgo poético aguardaba en los nuevos encabalgamientos, las contorsiones del declamador, los vituperios contra la tradición, el nivel referencial de una bibliografía...

El hecho de sacudir ciertas retóricas es causa suficiente para provocar esas tomas de conciencia. No hace mucho, un intelectual cubano pedía el Premio Nacional de Literatura para su trovador preferido. Buscando complicidad, la antología de turno no tardará en incluir la transcripción de alguna composición suya. Se habla de «poesía» usando un referente de pobreza expresiva que bien justifica, como respuesta, la aparición de vanguardismos de baja intensidad. Ha sido una acumulación fatigosa, capa sobre capa, hasta llegar al verso más práctico y recuperable. La herencia de la «nueva canción», que medró sobre el vacío generado por tanta censura y triunfalismo, aún se percibe en la trova reciente, una retórica que busca disimular su insipidez con gramática confusa.

Lo que no pudo cumplir el verso, y luego sus aventuras tipográficas, ha venido a redimir la Letra, afianzada esta vez en fórmulas repetitivas de los negros americanos, quienes tuvieron el buen tino de no renunciar a la rima o el ritmo. Así, la Isla le cobra al Norte ciertos préstamos que nadie recuerda, llámense Mario Bauzá o Luciano Pozo. La poesía urbana viene siendo un cumplimiento de aquella insatisfacción vanguardista que anhelaba materializar lo que venía sobrando en la página. Se manifiesta como síncopa marginal, como frase interminable e irreverente; se ha volcado en festivales alternativos y acciones plásticas; ha intentado desplegar su ala cívica con toda la ingenuidad posible. Uno no podría aplaudir todo ese afán evangélico, pero se ha de reconocer el ánimo que los impulsa, y aún más: la incomodidad que causan en la cultura oficial.

En Cuba, la búsqueda de sentido se ha tornado urgente, como nunca antes, y cada figura busca credenciales en el riesgo. Más que ir contra el Estado, ir contra la expectativa de conformidad que un padre espera de sus hijos. No se concibe un rimador urbano sin ficha policial. Los géneros subterráneos cobran sentido en la interrogación de su realidad, del gobierno y sus representantes, del lenguaje mismo. Nos llegan las noticias, las estrofas desencajadas, las imágenes que no pueden escapar de la usual coreografía; nos llega el mensaje de que Algo ocurre, cuyo significado aún aguarda; nos llega el sabor de la impaciencia… Señales mixtas, ambiguas; esperanzas de que semejante retórica sea un reflejo del cambio radical que vendrá. Y sin embargo: sobrevive la sospecha de que existe un hálito quejumbroso, limitado y pueril en esas letras; rebeldía que se hace dócil al atravesar las Aduanas de aire…

Para no quedar defraudados, los apostadores tendrán que acostumbrarse a lo previsible de cada acto insular que juega a hacer política, bien corrosiva, y luego proclamar su amor al prójimo y la cultura sin fronteras. El discurso de lo urbano como reflejo de la angustia social tendrá que sostener su credibilidad bajo cualquier luz, a no ser que resulte otro negocio, o un pacto orillero al que todos se han rendido. No en balde se agitan por doquier esos banderines que ayer resultaban ser inconformidad y hoy reciben otro nombre conveniente: indignación. Mientras el mensaje se define, mapa urbano o laberinto, los apostadores tendrán que esperar.

INSTRUCCIONES PARA GANAR UN CONCURSO INTERNACIONAL DE POESÍA

- Primero, habrá de documentarse sobre la historia del premio, los libros anteriormente galardonados, el tipo de jueces que por lo usual se invitan. También será útil leerse esos libros, para sondear el tipo de arte que suele premiarse, su retórica y densidad.
- Cerciorarse de que el número de versos o de cuartillas no roce el mínimo o propase en demasía el máximo permisibles. El cuaderno no debe carecer o excederse: lo idóneo sería una extensión que se dejara leer de una sentada.
- El título constituye el 55% de la eficacia de un libro. Consultar buenas fuentes antes de escogerlo; que el lector (el jurado) pueda paladear y sentir su conductibilidad.
- Escoger un tipo de papel que denote buen gusto, y cierto amaneramiento. Esto es válido asimismo con respecto a la encuadernación, para que el producto se aposente en el orden físico: que la propuesta sea estética en todo el sentido posible.

- No usar seudónimos o lemas que delaten la identidad del autor, o que abusen de la mitología grecolatina, o que pretendan ser ingeniosos. Es preferible un lema sencillo, sin ebulliciones.
- Para garantizar que el libro sobreviva al comité de selección que separa lo aceptable de la bazofia, colóquese el mejor poema al inicio, aunque se sacrifique la densidad o el concepto. Ese comité sólo leerá el título y las dos primeras cuartillas, por lo que es muy importante el gancho preliminar.
- Todo poemario que se respete ha de estar dividido en secciones. Lo ideal serían tres, usando la intermedia para los poemas más riesgosos. Los poemas enunciativos van primero, los elegíacos al final.
- Una buena labor exploratoria podría revelar quiénes integrarán el jurado. De contarse con tal dato, es imprescindible ubicar citas de esos autores en sitios estratégicos del libro.
- Como lo importante es obtener el premio, no se debe concursar con textos que pretendan ser renovadores. A la vez, ha de prescindirse de formas demasiado apegadas a lo tradicional. Su retórica ha de hacer confluir una imaginería paladeable al mayor número de lectores y un conceptualismo positivista, sazonado con un dejo de escepticismo. La poesía más efectiva en los concursos es la que logra unificar el sentir común bajo un falso tapete personal.
- Evitar los localismos propios, e imitar los del país que ha convocado el certamen. Cada vez que un premio se ha otorgado a un extranjero, ha sido porque le han tomado por nativo.
- Aparte de las citas del jurado, se deben escoger otras que demuestren selectividad y alta cultu-

ra. Deben aparecer en su idioma original: preferiblemente en inglés, alemán o francés. No se debe cometer la torpeza de traducirlas. Y nada de griego o latín, que sonarán desfasados y pretenciosos a estas alturas.
- Un poemario debe estar dedicado a alguien que no sea una elección obvia: esposa, madre, novio. Eso es para las antologías. Si se trata de una figura prominente de las letras o las artes y que dé impresión de cercanía y familiaridad, el jurado creerá que el autor es persona ya reconocida, cuya elección no resultará riesgosa.
- Siempre que sea permitido, se deben enviar varios cuadernos a la vez, por si se impone la ley de las probabilidades.
- Sabiendo que la mayoría de los premios literarios son una cobertura para la promoción de ciertos autores favorecidos por la institución o editorial que convoca, elíjanse concursos de poca monta y de remoto acceso. Valdrán para el currículum y para la autoestima.
- Si después de enviar por varios años no se ha alcanzado premio alguno, úsese ese desencanto y esa amargura para reseñar libros de otros, como crítico literario. La mayoría de ellos, en la actualidad, son harto entusiastas y halagadores. Sea usted único, écheles a perder la fiesta.

NOTA POR ALEXANDER SOLZHENITSYN (1918-2008)

Una de las maneras más espectaculares de ejercer la crítica literaria, en la Cuba de carreteras polvorientas y largos viajes en ómnibus, era arrojar el libro por la ventana. No pocas veces tuve que ceder a ese impulso liberador, sobre todo cuando el ejemplar escrutado rebasaba la cuota permisible de cinismo. Eran aquellos libros de encargo, en tiradas impresionantes, cuyos redactores se tomaban la misión en serio y hurgaban en la vida de alguien con el propósito de ridiculizarle, cuando menos.

Y es que así recuerdo aquella edición caída en mis manos por azar, con un título tan poco imaginativo como «La espiral de la serpiente» o algo por el estilo, donde se detallaba la vida del ciudadano escritor Alexander Solzhenitsyn y se le reprochaba cada una de sus aristas humanas. Ni una sola palabra sobre su literatura. Todo un libro, firmado por un checo, para explicarnos que aquel hombre era un gran miserable, según la preceptiva moral soviética.

Lejos de ensuciar su faz humana, el libelista conseguía que sus lectores simpatizaran con el objeto (sujeto) de escarnio. «Si se han tomado el trabajo de pormenorizar su existencia, y recontar tanta nimiedad han de odiarle sin medida; debe ser una persona especial, un escritor sumamente peligroso», se podía pensar. Resultado crítico: una cuneta en la carretera de Santa Clara a Manicaragua.

Fue por ello que busqué y encontré *Un día en la vida de Iván Denísovich*, publicado por aquella Colección Cocuyo que hoy debe haberse apagado en su monte ralo. Ese libro nos retrataba y nos hablaba del consuelo de las cosas más inverosímiles: un mendrugo de pan, una colchoneta, un minuto de contemplarse en la paz propia y que ningún muro puede contener.

El retrato de Solzhenitsyn es abigarrado, y quizás resuma todo lo que es típico de un escritor bajo el yugo totalitario: censura, cárcel, amenazas, mutilación y secuestro de obras, expulsión de la Unión de Escritores, destierro, escarnio, despojo de su nacionalidad, silencio. Para él hubo, por suerte, regreso. «Regresaré después de mis libros», dijo; y así fue.

A esa hora no le íbamos a reprochar su Premio Nobel, en el año que más cerca estuvo Borges de recibirlo. En su caso, le pudo servir de escudo, cosa rara en un lauro tan decadente como ese espejismo sueco. Cuando murió, desapareció el profesor de matemáticas, el ícono de las voces soterradas, el sobreviviente. Se oscureció así una lejana ventana, estepaia y brumosa, donde apagaron la cera y devolvieron un libro furtivo a su estante.

MISERIAS DEL TRADUCTOR

El traductor prefiere leer en el baño, y para esos momentos reserva las lecturas fáciles, cuando no breves: las noticias, algún prólogo que la avidez del libro le hizo desechar, un cuento, los poemas que le siguen interrogando, un fragmento dudoso sobre el que siempre vuelve. Al traductor, sobre todo, le apasiona releer. Se levanta temprano y recorre con el índice los lomos del estante. Esta mañana tropieza con las poesías de Robert Frost, y recuerda que lleva meses por verter al español el magnífico «*Mending Wall*», pospuesto una y otra vez. Pero hoy decide comenzar el trabajo, y sonríe ante el primer verso del poema:

Something there is that doesn't love a wall.

El traductor piensa que toda pieza literaria debe romper así, enunciando lo que obligó al autor a sentarse y describir su visión particular del asunto a discernir. Un primer verso ejemplar, casi definitivo. El traductor no puede evitar que el instinto le dicte una traslación literal: *Algo existe que no ama una pared*. Pero tales palabras no parecen recoger la fuerza del original. Es obvio que toda traducción, por exquisita que resulte, será incompleta. No en balde ciertas sonoridades definen las palabras en sus lenguas específicas. Quien escribe, sabe escuchar y acomodar secuencias sobre moldes rítmicos, sonoros, emocionales… El traductor se regaña a sí mismo: «¿*Pared*, has dicho? ¿Y no tenemos *muro*, que denota más severidad, más separación?». Viene entonces: *Algo existe que no ama un muro*. Pero *no ama un muro* suena fatal. ¿No podría ser: *Algo existe que no gusta de un muro*? Otra objeción: al traductor no le parece efectiva esa proximidad entre *existe* y *gusta*. A estas alturas las compuertas de la Duda se han abierto. La Duda: esa gran enemiga del oficio. Porque el traductor comienza a sopesar variantes, incluyendo algunas ridículas, exageradas. Veamos: *Existe algo que no se lleva bien con los muros. Algo existe que no concibe las demarcaciones*. Llega incluso hasta la variante libertaria: *Existen cosas que no pueden ser separadas por un muro*. Como si fuera la oración que inicia un manifiesto político o artístico. Y cuando tanta incertidumbre, impuesta por el cinismo que los años le han regalado, sólo le sirve para sabotear su afán de buscar credibilidad y naturalidad, es mejor abandonar el proyecto y dejarlo para el día siguiente. Eso piensa el traductor al guardar el libro. Sólo entonces recuerda que esa misma razón es la que mantiene intacto el poema, intraducible desde la primera vez.

Y el traductor sale a la calle, a sus otros quehaceres, libre y feliz.

NORBERTO FUENTES LE AGITA LA MERIENDA A SENEL PAZ

Desde luego, hay que reconocer que el autor de *Condenados de Condado* disfruta de ese limbo estamental en que él mismo se situó luego de abandonar la corte isleña. Goza lo mismo que ha de gozar aquel que le presta la esposa al gigoló, sin participar participando, observando cada detalle detrás del cortinaje. Sabe que puede salir y detener las acciones, si quiere. Después de todo, es su esposa.

Rozando sin rozar, acariciando sin acariciar, paladea la ambigüedad por obligación, y es que su destierro (que ya había comenzado en 1989, dentro de la corte) no vino por hacer cosa contestataria alguna, sino por haber estado donde no debió. De igual modo podría vincularse al escudero con la desgracia del paladín: el sujeto es inconveniente por asociación, sin que haya movido un dedo.

La crítica hacia sus libros siempre nos estampa esa extrañeza, ese no creer lo que parece ser. A medio camino entre lo servil y lo irónico, escudriñado por lectores y críticos que se quedan con la boca abierta, y se preguntan: ¿Pero, es posible que este hombre pretenda dar testimonio de su propia desfachatez, de esta manera?

Reconozco que no abunda esa sensación de tratar con un cronista al que leemos más para despreciar más. Y que siempre nos suelta perlas informativas, sólo accesibles a un falderismo de su nivel. Eso está bien; para eso es que se escribe, al fin y al cabo.

Da gusto ver cómo Fuentes le entra al fomentense Senel Paz, tras desilusionarse del concepto que no llegó a ninguna parte por medio de la novela *En el cielo con diamantes*. El mismo Norberto de siempre, con su veta de *adjutant*, usando las terminologías que él solo ha paladeado hasta el cansancio: bandidos, contrarrevolución, combatientes. Su crítica literaria es bien práctica: el fomentense debió definir una franja y no posarse sobre el borde, el fomentense oculta lo evidente gracias a su estilo, el fomentense se limita a darle brillo a la Gran Vitrina. Estamos de acuerdo en que el libro no funciona, como no funciona el fenómeno retórico al que pertenece el fomentense. Pero nuestras razones van más allá de lo que son las expectativas del lector Norberto. La falsedad, por supuesto; es inevitable no reparar en ella. Su prosa tiene conciencia de sí, y persigue un sistema que se funda sobre símbolos y alegorías obvias. El fomentense no da para más.

Y cómo no sonreír al comprobar que los razonamientos de Fuentes no se alejan de factores como «culito, nalgas, verga». Sabemos que sus análisis comparativos dependen de larguras, abultamientos, grosores. Nadie como él para gastar tiempo anotando esos detalles.

Hay que advertirle un par de cosas a Fuentes, dejando la novela a un lado. La llamada contrarrevolución sí que ha logrado su «producto literario» en Cuba. Está latente en todo lo que la oficialidad ha negado. Está en todo lo que acecha, y no se publica. Está fuera y dentro, defendiéndose de la retórica positivista que nos meten todos los días. Quizás estemos muy próximos para darnos cuenta.

La otra cosa: entre Alberto Delgado y Julio Emilio Carretero, me quedo con el segundo. Le regalo el primero a Fuentes, con sombrero, soga, Corrieri y todo.

Y tendremos que releer *Dulces guerreros cubanos* en la primera ocasión que se nos presente. Por eso de la extrañeza y la incredulidad, para que no se nos esfumen.

ROSARIO SENIL PARA POETA VIRGINAL

Si lloras, no escribas. Si escribes, no llores.

No dejes que tu cielo sea azul ni que tu noche sea oscura.

Si todos comulgan contigo y te vitorean, cambia urgentemente de retórica. Aunque es posible que ya sea demasiado tarde.

No sigas recetas, ni fórmulas. Puedes empezar por dejar de leer esta lista.

No andes por la vida como si tuvieras un palo metido por el culo, que para eso están los pavorreales.

Recuerda que la rima es un medio, no un propósito.

No te sometas al juicio de una tertulia de idiotas, de esos que cortan y pegan palabras como costureras frígidas.

Huye del diccionario como lo harías de un viejo leproso.

Escribe como si nadie jamás fuera a leerte.

Si en lugar de «bosque» insistes en usar 'floresta», date una ducha fría antes de regresar a la página.

No le temas al ridículo o la infamia, que el poeta está más cerca del bufón que del hidalgo.

Si eres puta, tortillera, maricón o mujeriego, enhorabuena. Pero no hagas carrera literaria a costa de ello.

No te pongas a desarmar aquello que en principio no seas capaz de armar por ti solo.

Si te aprendieras de memoria un poema tuyo, no se te ocurra (jamás) recitarlo en público.

Aléjate de coprófagos y panegiristas; si no conoces esos términos, reevalúa tu relación con el lenguaje.

Absorbe un poco de todos, sus disparates y aciertos; pero a la hora de escribir no absorbas de nadie.

Si comes como Lezama Lima no cagues como Nicolás Guillén.

Deja que el clítoris florezca en la alcoba, no en la cuartilla. Y de paso, deja tranquilo al pubis, los pezones, los orgasmos y todo eso. Ya sabes, la alcoba.

No te dejes engatusar por ninguna antología ni por maquilladores de academia.

Nunca, nunca aplaudas a alguien que lleve uniforme.

No cometas el error de morirte demasiado tarde.

AVATARES DEL SUJETO LÍRICO

«El sujeto lírico, en cuanto se orienta hacia la vida y se proyecta hacia el tiempo esencial, cobra un dinamismo singular».

«El sujeto lírico ha comulgado con la existencia y esto le permite no solamente participar, sino, sobre todo, comprender».

«El diseño del sujeto lírico está enraizado en una herencia romántica, y de un modo más retórico que esencial».

«Una voz habla al sujeto lírico, como si el yo se hubiese desdoblado en un ser consciente del entorno, y otro que necesita ser instruido sobre el fragor que lo circunda».

«El sujeto lírico busca orientarse en un espacio por completo distanciado, que ahora es preciso definir, incorporar así: un sujeto lírico por completo omnisciente y, para mayor fuerza del verso, volcado hacia la captación de su propio ser».

«En efecto, el sujeto lírico avanza tanteando, descubriendo gradualmente su mundo, del cual se apropia como quien levanta su hogar propio».

«Como desde un umbral en penumbra, el sujeto lírico se distancia de sí mismo, habla de sí a partir de una peculiar auto-transmutación».

«Se trata de una imagen de apertura gozosa a la vida, de inmersión en un espacio en el cual el sujeto lírico amanece transido de alegría y orgullo».

«Se trata de una auto-observación implacable, en la que el sujeto lírico y los objetos de su deseo y su pasión parecen provenir del subsuelo, de la humedad más terrenal».

«Ese mundo de artefactos y ruiseñores de artificio no aparta al sujeto lírico de una noción más alta de la realidad, donde él aspira a la reflexión profunda, a la comprensión cabal del universo».

«El sujeto lírico se despoja de la ceremonia y la impostura del actor: los telones decorativos se desgarran, justamente cuando el sujeto lírico abandona el viaje místico y regresa a su propio ser: los versos no son mero enunciado de una conmoción interior, son sobre todo una entrega del sujeto lírico, además de conexión con el mundo, donde el sujeto lírico se auto-identifica con un trovador».

«El paisaje, en sustitución totalizadora y audaz, no es un trasfondo decorativo, sino que encarna la propia trayectoria del sujeto lírico y sus avatares».

«El sujeto lírico, buscándose a sí mismo 'definitivo, destilado', se enreda en la sensorialidad de la pasión, pero de inmediato algo se transforma: ya no es el mismo sujeto lírico. Así se evidencia al sujeto lírico como muerto, es decir, solo, incomunicado, encerrado en sí».

«El sujeto lírico, sin embargo, encarna una esencia universal, y no anecdótica peripecia amorosa».

«El sujeto lírico se expande hacia el espacio del recuerdo, asumido como dolor —nostalgia—, impenetrable deuda de vida, marca de una desgarrada trayectoria».

«La energía de la auto-comunicación se levanta como una interna volcadura del sujeto lírico en la que el sujeto lírico asoma como desde un desgarramiento esencial que se encarama sobre el sufrimiento más intolerable —el sujeto lírico es visto como un tú, hay fragmentos de conversaciones truncas— el cual proyecta luz sobre una explícita auto-identificación del sujeto lírico, tanto en el trabajo con el verso, como en cuanto a la volcadura del sujeto lírico en él que señalan como objeto de amor del sujeto lírico una serie de objetos de arte, que remiten sobre todo al espacio interior y no al ámbito de la Naturaleza».

«La sombra del sujeto lírico se cae rota, delgada y fragmentaria, como suele ocurrir al transitar descalzo por una playa cuyas arenas tienen un relieve abrupto; la imagen lírica no se separa, a pesar de su interiorizada silueta, de la realidad directamente captada; el sujeto lírico, pues, pertenece a un ser vivo».

«La noche —la percepción poética— estalla y son sus fragmentos los que construyen el ámbito urbano, y, a partir de él, invaden la propia intimidad erótica del sujeto lírico. Incluso el recinto más recoleto del sujeto lírico, está sesgado por el sordo latido del dolor: la vibración misma de la patria en su sentido de atmósfera, amniótica referencia a los orígenes que nutren al sujeto lírico».

«Por otra parte, la confrontación del sujeto lírico con otra fase de sí mismo, con una otredad abandonada, dejada atrás en el transcurso mismo del vivir, enfatiza esa voluntad auto-comunicativa: instala el diálogo del sujeto lírico en un timbre donde el eros de la pareja interacciona con un micro-universo que nutre a los amantes en un dinamismo impalpable».

«Esa misma atmósfera de desazón en que el lector es colocado, lejos de aislarlo de un texto cuya circularidad —en lo epidérmico, no en lo sustancia— parece girar en torno al sujeto lírico, nos arrastra a una especie de *tu quoque* que nos obliga al auto-examen matizado por ímpetu quemante de la voz lírica».

«Se trata de un texto desarrollado en torno a un vehemente sujeto lírico no solo por la frecuencia con que el yo jalona la expresión, sino de un estado espiritual en que se ha acallado la ansiedad interior del sujeto lírico».

«Esa invocación implica que el sujeto lírico se proyecta hacia el cosmos, y confirma el arraigo del tema en el poeta, como síntoma de una imantación hacia el barroco, asociado a menudo al interés cosmológico. Es, por el contrario, un choque estremecedor entre la voz diminuta del sujeto lírico —un yo que se auto-examina con implacable, pero estremecida minuciosidad— y la enormidad ensordecedora de los espacios sin medida ni límite posible».

LA UNEAC COMO DAMA DE COMPAÑÍA

La UNEAC, esa institución de membresía dilatable y cumplidora, también quiere intervenir en las decisiones personales de sus artistas y escritores. Como no puede forzar su punto de vista, se conforma con advertir o alertar; pero sabemos que para el caso es lo mismo. Si se trata de una actividad planificada en territorio enemigo (en la residencia de un embajador o cónsul, o en Alamar, para no ir muy lejos) les hará saber a tiempo su inconformidad o beneplácito. En algún momento aconsejó a sus miembros de cuidarse de aquellas «personas que no son dignas del espíritu de soberanía» por si resultaban invitados a la celebración del 4 de julio en la Sección de Intereses americana.

Me imagino que la UNEAC haya concebido un gradiente de valores que midan el nivel de indignidad de ciertos individuos. No sé, quizás usen un sistema de puntuación para determinar el rendimiento patriótico de los intelectuales. Teniendo en cuenta ese promedio, podrán saber quiénes son dignos, indignos o quiénes están a medio camino.

Alguna vez le pregunté a una institución de la isla (una editorial provincial que rinde culto a la chapucería) cuál era el límite de perversidad que se aceptaba para que un autor exiliado se convirtiera en «impublicable»; y además si se tenía una categorización por países y grados de culpabilidad. No estaría mal conocer todos esos detalles, para no perjudicar a los pocos amigos con quienes mantenemos contacto habitual, acaso porque esa relación viola los parámetros mínimos de desmerecimiento que la UNEAC concede.

En cuanto a los que no acumulen suficiente «espíritu de soberanía» en la isla, ya sabemos: la recomendación será evitarles, o cerrarles el paso. Para ellos se guardarán los calificativos menos ingeniosos y no por ello incontestables.

La UNEAC, al igual que las demás instituciones, confiere un significado especial a esa soberanía que cuidan como culo virginal. Veamos: no contradecir a los uniformados, pedirles permiso para salir del país, acogerse al patronazgo de gobiernos fogosos y ridículos, viajar con pasaje prepagado, hacer circular los desatinos impresos de Nerón, hacer silencio ante el avasallamiento de sus colegas, participar en la euforia populista, propagar la exigua semiótica del Poder...

Dama de compañía, chaperona, hada madrina: Miguel Barnet no quiere que sus párvulos se extravíen, y hace públicas sus recomendaciones. De tal modo, condena de antemano un posible himeneo antipatriótico y «rechaza la pretensión de legitimar una «sociedad civil» construida y financiada desde el exterior».

La UNEAC no quiere que los fuegos de artificio distraigan a la élite cultural, ni que sus cocientes de soberanía bajen a un punto vergonzoso e irreversible.

Nadie como ellos para manejar conceptos y delimitaciones: quiénes pertenecen a la nación, quiénes no merecen integrarla. ¿Y alguien pondría en duda la experiencia etnográfica de Miguel Barnet para dirimir esas cuestiones?

CITAR MAL

En el poema «Noche insular: jardines invisibles», de José Lezama Lima encontramos estos versos:

La mar violeta añora el nacimiento de los dioses,
ya que nacer es aquí una fiesta innombrable,
un redoble de cortejos y tritones reinando.

Aparte de servir como epitafio en la tumba del poeta, las dos primeras líneas de ese fragmento suelen citarse para explicar su desbordante insularidad, y confirmar una pertenencia que suele ser cuestionada en base al aislamiento oficial que sufrió al final de su vida. El verso del nacimiento como fiesta ha sido fatigado, expropiado, reescrito, usado como apostilla útil, declamado en actos políticos…

Y por supuesto, ha sido invertido, para recalcar el lugar sobre el hecho. No voy a perder el tiempo tratando de explicar la gran diferencia que existe entre «nacer es aquí una fiesta» y «nacer aquí es una fiesta». En realidad, la inversión se hace de manera inconsciente, e incluso muchos creen que «nacer aquí» es como debe ser y suena mejor. En su artículo «Fiestas cubanas», publicado en la revista *Encuentro* (2001, 53-54), el profesor Roberto González Echeverría cita de este modo:

La mar violeta añora el nacimiento de los dioses,
ya que nacer aquí es una fiesta innombrable,
un redoble de cortejos y tritones reinando.

En otro ensayo, «La fiesta en Lezama», publicado en *Letras Libres*, repite el error y enfatiza el «nacer aquí» explicando ese significado más conveniente:

Como sabemos, entre sus versos más conocidos están aquellos que figuran en su tumba del Cementerio de Colón en La Habana que dicen: La mar violeta añora el nacimiento de los dioses, / ya que nacer aquí [es decir, en Cuba] es una fiesta innombrable.

Como él, otros han leído el verso en su variante más cómoda, e incluso, ya es usual que se le oponga a «la maldita circunstancia del agua por todas partes» de Piñera. Y de esa lectura han derivado comparaciones y simbologías que sobran si se repara en el acto del nacimiento como milagro en sí: el nacimiento como fiesta.

He encontrado algunos ejemplos que ilustran la ilusión del «aquí es»:

Pero hay un momento en la biografía de Lezama que dura más allá de la muerte. Su epitafio es su verso «ya que nacer aquí es una fiesta innombrable». Lezama se refiere a su vida pero su muerte no fue precisamente una fiesta. [Guillermo Cabrera Infante].

❦

(...) pasé frente a la casi irreconocible tumba de José Lezama Lima, a menos de cincuenta metros de la de mis progenitores. Lo supe, por el nombre del padre del poeta y por el apellido Rosado. Al pie, se ve la pequeña, oscura, casi ilegible tarja en la que se acierta a leer que vivir aquí es una fiesta innombrable. [Virgilio López Lemus].

❦

Me conforta en verdad el Eliseo Diego que se ríe del maestro escultor, que aquel buscador de virutas «donde nunca jamás se lo imaginan»; más el Lezama de «esperar la ausencia» que el Lezama de «nacer aquí es una fiesta innombrable». [Pablo de Cuba Soria].

❦

La isla recreada en «Noche insular: jardines invisibles», de Lezama, donde el poeta exclama: «Ya que nacer aquí es una fiesta innombrable», ha encarnado últimamente en la infernal «Isla en peso» de Virgilio Piñera, donde expresa como aventurando un síntoma claustrofóbico: «la maldita circunstancia del agua por todas partes». [Jorge Luis Arcos].

❦

Entre otros nombres, Lezama aludía a la muerte como «la gran enemiga», y un día me dijo que que-

ría que su epitafio fuera aquella frase de Flaubert que dice: «Todo perdido, nada perdido». En algún momento posterior cambió de opinión y asoció, con mucha belleza, la idea de la muerte a la imagen del nacimiento. Por eso en la lápida que se colocó sobre su tumba en la Necrópolis de Colón se leen estos versos suyos: «El mar violeta añora el nacimiento de los dioses/ porque nacer aquí es una fiesta innombrable». [Ciro Bianchi Ross].

Es interesante notar el contraste entre la visión de Lezama en «Noche insular, jardines invisibles», donde la luz es grata, delicadeza suma y «nacer aquí es una fiesta innombrable», con la condición fatídica que entraña el nacimiento y la condición insular para el sujeto poético de «La isla...» de Piñera. [Damaris Calderón].

Consecuente con su propia fabulación, desde finales de los años treinta el escritor imaginó en sus ensayos y en su poesía una teleología insular, el mito que les faltaba a los cubanos, según dijo. Entre los textos permeados por esa búsqueda están el «Coloquio con Juan Ramón Jiménez» de 1938, posiblemente el lugar donde de modo más sistemático despliega esta idea, o «Noche insular, jardines invisibles» de 1941, donde en un mar violeta que añora el nacimiento de los dioses, declara que «[...] nacer aquí es una fiesta innombrable»... [Adriana Kanzepolsky].

❧

Como solía decirse en Cuba: Nacer aquí es una fiesta innombrable. [Derek Walcott].

❧

Solo acudieron al llamado del deseoso los iniciados en sus eras imaginarias, los que celebramos secretamente con él el regreso al Paradiso, a ese mundo mágico y real donde se conmemora y se rinde también un homenaje a la cubanía, porque como dijera el maestro «nacer aquí es una fiesta innombrable». [Ileana Rodríguez Martínez].

❧

Leyendo una tarde en su apartamento el poema de Lezama «Noche insular…» , cuando llegó al verso «nacer en esta isla es una fiesta innombrable», Rakita se detuvo y me hizo esta reflexión:
—José, si yo fuera un ectoplasma y me fuese dado elegir donde nacer no dudaría en pedir que fuera en Cuba. [José Antonio Fernández Vidal].

❧

Para escribir uno lee mucho, tiene que nutrirse de muchos escritores, de muchas generaciones, como dijo el gran maestro Lezama de Trocadero, «Nacer en esta Isla es una fiesta innombrable». [Víctor del Rosal Ahumada].

«Yo miré cómo mi negra harinosa se perdía en cámara lenta en la urbe requetecantada, nacer aquí es una fiesta innombrable y toda esa quincallería que a mí no me dice nada». [René Vázquez Díaz].

Hoy, una frase en la tumba de Lezama Lima del Cementerio de Colón petrifica y predice esa cita: «La mar violeta añora el nacimiento de los dioses, ya que nacer aquí es una fiesta innombrable». [Llamil Mena Brito].

Nacer en esta isla es, en verdad, una fiesta innombrable, querido José Lezama Lima. [Eliseo Alberto].

Como todos saben, en la tumba del poeta cubano hay una inscripción que constituye uno de sus versos más sencillos, hermosos y penetrantes. (...) el espléndido obituario lezámico que es el siguiente: Porque nacer aquí es una fiesta innombrable... [Jorge Solís Arenazas].

Si mis palabras, dichas con toda la humildad y al mismo tiempo la soberbia que puede caracterizar a una persona que está al servicio de la poesía, han provocado reacciones, entonces desde mi espacio pequeño he contribuido a la fiesta nombrable, porque, jugando con Lezama Lima, él había dicho que nacer aquí «es una fiesta innombrable». [César López].

Cada generación desentierra sus muertos: el verso de José Lezama Lima «porque nacer aquí es una fiesta innombrable» fue sustituido por «la maldita circunstancia/del agua por todas partes» de Virgilio Piñera. La fe en la utopía hizo agua y dio paso a lo opuesto... [Abelardo Mena Chicuri].

Si para él es una «fiesta innombrable»nacer en la Isla, y ella constituye la destinataria de su telos; para Virgilio Piñera es incertidumbre, insuficiencia, limitación (sobre todo existencial) por su aislamiento. [Rafael Alvarez R.]

Eso quizá sea decisivo para todos los que han intentado marginar a Piñera del panteón de las letras patrias: él, en vez de fabular que «nacer aquí es una fiesta innombrable», nos alertó sobre «la maldita circunstancia del agua por todas partes». [Carlos Espinosa].

HISTORIA DEL MIEDO VIRGILIANO

1-Acto Primero

Súbitamente, de la masa avergonzada surgió un tímido hombrecito de pelo pajizo, de tímidos modales, sospechoso ya por su aspecto de marica militante a pesar de sus denodados esfuerzos por parecer varonil, o si no, fino, y dijo con voz apocada, apagada, que quería hablar. Era Virgilio Piñera. Confesó que estaba terriblemente asustado, que no sabía por qué o de qué, pero que estaba realmente alarmado, casi al borde del pánico. Luego agregó: «Me parece que se debe a todo esto» —y dio la impresión que incluía a la Revolución como uno de los causantes de su miedo. (Aunque quizá se refería nada más que al multitudinario auditorio de así llamados intelectuales). Pero podría ser que aludiera a la vida del escritor en un país comunista —o sea, a esos miedos con nombres como Stalin o Castro—. Nunca lo sabremos. Una vez dichas esas palabras, Virgilio volvió a su asiento, manso, mantuano. [Guillermo Cabrera Infante].

❧

Ya iba a decir Dorticós: «Hablen o cállense para siempre», cuando de pronto la persona más improbable, toda tímida y encogida, se levantó de su asiento y parecía que iba a darse a la fuga pero fue hasta el micrófono de las intervenciones y declaró: «Yo quiero decir que tengo mucho miedo. No sé por qué tengo ese miedo pero es eso todo lo que tengo que decir». [Guillermo Cabrera Infante].

❧

—Por aquí se está corriendo un chismecito… de que ustedes tienen miedo de algo. ¿Es cierto? ¿Quién tiene miedo? Se hizo un silencio, y en las primeras filas se vio una mano alzarse indecisa y se oyó una voz decir quedamente: «Yo tengo miedo». Era Virgilio Piñera. «¿Miedo de qué?» —replicó con firmeza el hombrón que ocupaba el estrado. «De lo que se nos quiera pedir o exigir». [Francisco Morín].

❧

(…) Virgilio, que era el miedo mismo pero que tenía mucho valor, contestó a Fidel. «Doctor Castro, y usted no se ha preguntado, ¿por qué un escritor debe tener miedo a su Revolución? Y porque parece que yo soy el que tiene más miedo, digo: ¿por qué la Revolución debe tener miedo de sus escritores?». [Carlos Franqui].

❧

Se cuenta que en medio de la catarata verbal del barbado líder, algunos artistas se atrevieron a inter-

venir. Uno de ellos, Virgilio Piñera, pequeño, delgado, gay y poeta, le espetó una observación también antológica: «Yo no sé ustedes pero yo tengo miedo, tengo mucho miedo». Y con la misma se sentó para molestia del orador y risita contenida de la concurrencia. [Yoani Sánchez].

ଽ

El máximo líder salió más que complacido de aquella reunión a puertas cerradas, al ver la expresión de sorpresa y temor de muchos de los allí presentes y sobre todo, por las palabras de Virgilio Piñera, uno de los intelectuales más importantes del siglo XX, cuando dijo: «Yo solo sé que tengo miedo, mucho miedo». Eso precisamente era lo que más necesitaba escuchar el nuevo caudillo cubano de la masa intelectual: Miedo, para poder gobernar a su antojo. [Tania Díaz Castro].

ଽ

Como otros, Piñera albergaba dudas y recelos sobre el nuevo papel que debía desempeñar la intelligentsia de la isla. Y así se lo hizo saber al Comandante: «Yo quiero decir que tengo mucho miedo. No sé por qué tengo ese miedo pero eso es todo lo que tengo que decir». [César G. Calero].

ଽ

A una pregunta de Virgilio Piñera, indicándole que tenía miedo, Castro le respondió, con una voz que resonaba por los altoparlantes: «¿Miedo de qué?». [Orlando Jiménez Leal].

☙

Esa es su manera extravagante de vengarse de quienes lo acosaron porque era libre y no aplaudía con delirio a sus acosadores. Esas apariciones intempestivas las hace para recordar que fue él quien se puso de pie en una asamblea, en 1961, donde Fidel Castro anunció a los escritores y artistas que «fuera de la Revolución, nada» y les dijo a sus compañeros frente al asombrado y molesto comandante en jefe: «Yo no sé ustedes, pero yo tengo miedo, mucho miedo». [Raúl Rivero].

☙

Significativa fue la intervención brevísima que Virgilio Piñera llevó a cabo: «Yo quiero decir que tengo mucho miedo. No sé por qué tengo ese miedo pero es eso todo lo que tengo que decir». [Ana Belén Martín Sevillano].

☙

Alguien se levantó y dijo que tenía miedo. No era un intelectual. Nunca le había interesado ser un intelectual. Si hubiera sido un intelectual hubiera tenido palabras para erigir su miedo en nombre de alguna redención. Dijo. O graznó:
—Tengo miedo.
Y sí que tenía miedo. ¡Cómo temblaba el pájaro de cuentas! Y cuando dijo que tenía miedo, él, tan poquita

cosa para aquellos nuevos tiempos, se fue derrumbando, despacio, muy despacito, y no volvió a abrir el pico en lo que le quedó de vida. [Rolando Sánchez Mejías].

❦

La frase, casi mussoliniana, generó un profundo silencio entre los presentes. Fidel Castro, entonces, preguntó si alguien tenía algo que decir. Pasaron unos segundos, y Virgilio Piñera se levantó para comentar en voz alta: «Comandante, yo lo único que sé es que tengo miedo, mucho miedo». [Juan B. Yofre].

❦

En junio de 1961, en una de las reuniones mantenidas por Fidel Castro con los intelectuales en la Biblioteca Nacional, Piñera se levantó, fue hacia el micrófono y dijo: «Tengo miedo». Esa frase constituyó el mayor acto de resistencia de un intelectual ante la intolerancia del régimen. [Jacobo Machover].

❦

Tengo entendido que estaba presidida por el propio Fidel Castro quien, después de exponer sus criterios sobre un tema que era, en ese momento, más ardiente que una salsa de ají picante, hecha con «chilito habanero», habría invitado a los participantes a expresarse y muchos lo hicieron. Virgilio permanecía en silencio y el Comandante le habría preguntado: «Y Virgilio, ¿qué dice de todo esto? ¿Por qué se mantiene tan callado? ¿Acaso no tiene opinión al respecto?». A lo cual el escritor interpelado, hundido en su butaca, habría dicho simplemente: «Yo tengo miedo, mucho miedo». [Monseñor Carlos Manuel de Céspedes García-Menocal].

&

Y el miedo de Virgilio Piñera en enero de 1968 mientras representaban en La Habana su obra Dos viejos pánicos, cuando Fidel le dice que diga lo que tenga que decir:
¿Qué tiene que decir? Yo quiero decir que tengo mucho miedo.
No sé por qué tengo ese miedo, pero eso es todo lo que tengo que decir. [José Fernández de la Sota].

&

Tras escuchar a Fidel Castro pronunciar sus tremebundas «Palabras a los intelectuales» (junio de 1961), no pudo contenerse y soltó dos lapidarias frases que hasta hoy reflejan el sentir de todos sus colegas honestos en la Isla: «Yo quiero decir que tengo mucho miedo. No sé por qué tengo ese miedo, pero es eso todo lo que tengo que decir». [Jorge Pomar].

&

En el Congreso de Educación y Cultura, en 1971, que estrechó el marco ideológico y oficializó la arremetida homofóbica, avizorando la catástrofe contra la libre expresión y los artistas por su (des) orientación sexual, aunque tembloroso, tuvo la valentía de pronunciar frente al auditorio aque-

llas palabras admonitorias: «¡Tengo miedo, mucho miedo!» [Reinaldo Cosano Alén].

❧

Significativa fue la intervención brevísima que Virgilio Piñera llevó a cabo: «Yo quiero decir que tengo mucho miedo. No sé por qué tengo ese miedo pero es eso todo lo que tengo que decir». [Ramón Humberto Colás].

❧

Tener el atrevimiento de ser el primero en hablar para decir que se tiene miedo es un gesto confuso —una cobardía demasiado evidente como para no ser taimada. Es como gritar desde un río al paseante que no mire, que estamos desnudos: provoca el efecto contrario, te hace presa de la mirada. [Mirta Suquet].

❧

Había escuchado de cómo es más valiente decir «tengo miedo», que defender algo en lo que no se cree. De cómo, cuando se dice «tengo miedo», delante de la persona que genera ese miedo en ti, cuando te presentas ante él como presa fácil, vulnerable y desarmado, ya has ganado. [Tania Bruguera].

❧

Tal vez la cita no sea del todo exacta y esas palabras salieran a la vez del coraje de Piñera, de la memoria de Cabrera Infante y del deseo de quienes por varias décadas vuelven a invocarlas como un ensalmo. Pero se hizo verdad entre nosotros la imagen de aquel cuerpo endeble tomando la palabra para decir su miedo. [Tamara Díaz Bringas].

᠅

Recordado por su teatro, por su narrativa y por su poesía, Piñera es también, ha sido entre nosotros, el que dijo: «tengo miedo». En la transcripción que se conoce de la intervención de Virgilio Piñera durante las reuniones de 1961 en la Biblioteca Nacional, la frase no aparece de esta manera; sin embargo, el imaginario la ha conservado así o con ligeras variantes, siendo el testimonio de una peculiar paradoja. El que se levantó de su silla, y dijo «tengo miedo», fue el más valiente. [Jaime Gómez Triana].

ii-Acto Segundo

Durante cuatro décadas se ha difundido la versión de que Virgilio Piñera tuvo el valor de confesar que tenía miedo. La leyenda aparece en cuanto libro ha tocado el tema de las reuniones de junio en la Biblioteca Nacional. Pero el diálogo coqueto de Piñera con Castro revela un universo de negociaciones entre el intelectual y el caudillo que podría reconstruirse desde entonces hasta hoy. Piñera no dice que él tiene miedo sino que acepta la invitación de Carlos Rafael Rodríguez de hablar con «franca franqueza» sobre el trasfondo político de la censura de P.M. y del cierre de Lunes de Revolución, e infor-

ma a los dirigentes políticos que existe un «miedo virtual», una «impresión», un «rumor», algo que «está en el aire» de los círculos literarios habaneros a propósito de que el Gobierno decretará la «cultura dirigida».

El miedo a que se refiere Piñera no es, como en la leyenda, el miedo radical del artista frente a un poder totalitario, sino tan sólo la preocupación de un escritor revolucionario en torno a la posibilidad de que la política cultural de la Isla quede en manos de estalinistas. Se trata, por tanto, más de una duda que de un miedo, ya que el propio Piñera no cree que la Revolución ni confesión de timidez Fidel sean capaces de estalinizarse y, de hecho, en su intercambio con Castro no faltan las frases de adhesión al Gobierno —«yo no creo que nos vayan a anular culturalmente», «no creo que nadie me pueda acusar de contrarrevolucionario«, «porque estoy aquí, no en Miami ni cosa por el estilo»— propias de un intelectual que, lejos de oponerse, solicita garantías de que la política cultural se mantendrá dentro de los cauces del pluralismo y la vanguardia.

Tampoco falta, es cierto, la personal ironía de Virgilio Piñera, esa seña de identidad estilística de quien habla desde la literatura y desde el extrañamiento de la ideología y la política. En la frase «todos estamos de acuerdo con el Gobierno y todos estamos dispuestos a defender y morir por la Revolución, etc., etc.», es preciso leer estos últimos etcéteras como una expresión del hastío y la abulia que las retóricas del poder producen en los lenguajes del arte. Pero, con o sin ironía, la entrega a la Revolución, una entidad simbólica que aquellos escritores diferenciaban del estalinismo o del comunismo, es indiscutible, y ese dato debería ser suficiente para abandonar la noción de «colaboracionismo» a la hora de analizar las políticas intelectuales de los artistas cubanos, por lo menos, en la primera mitad de los años 60. [Rafael Rojas].

꙳

Los asistentes a las sesiones de la Biblioteca se confiaron demasiado de la memoria y repitieron la anécdota del miedo, que parecía auténtica y que se prestaba, como todo lo virgiliano, a propalarse fácilmente. Solo tras la intervención de los investigadores, con los documentos en la mano, apareció el retrato completo. [Néstor Díaz de Villegas].

III-Acto Tercero [La Transcripción]

VIRGILIO PIÑERA. Como Carlos Rafael ha pedido que se diga todo, hay un miedo que podíamos calificar de virtual que corre en todos los círculos literarios de La Habana, y artísticos en general, sobre que el Gobierno va a dirigir la cultura. Yo no sé qué cosa es cultura dirigida, pero supongo que ustedes lo sabrán. La cultura es nada más que una, un elemento... Pero que esa especie de ola corre por toda La Habana, de que el 26 de Julio se va a declarar por unas declaraciones la cultura dirigida, entonces...
FIDEL CASTRO. ¿Dónde se corre esa voz?
VIRGILIO PIÑERA. ¿Eh? Se dice...
FIDEL CASTRO. ¿Entre quiénes se corre esa voz? ¿Entre

la gente que está aquí se corre esa voz? ¿Y por qué no lo han dicho antes?

VIRGILIO PIÑERA. Compañero comandante Fidel, yo puedo decir que he oído hablar de esa voz entre las personas que yo conozco. [...] Los compañeros podrán decir lo contrario, pero como yo lo sabía, pues he querido sacarlo a colación, como se ha sacado algo de una película, entonces eso es porque como Carlos Rafael dijo que había luchas planteadas, y yo no digo que haya temor, sino que hay una impresión, entonces yo no creo que nos vayan a anular culturalmente, ni creo que el Gobierno tenga esa intención, pero eso se dice. Que lo niegan, está bien, pero se dice. Y yo tengo el valor de decirlo, no porque crea que los que nos van a dirigir nos van a meter en un calabozo ni nada, pero eso se dice. La realidad es que por primera vez después de dos años de Revolución, por la discusión de un asunto, los escritores nos hemos enfrentado a la Revolución, y ahora es, y propongo a este congreso que tenemos que rendir cuentas, ¿comprende?, y entonces este hecho nos produce un poco de impresión, digamos, aunque no digamos el temor. Y eso trae consecuentemente una serie de preguntas y de cosas que uno se hace, que van corriendo y se van formando, y en ese aspecto, como Carlos Rafael pidió una franca franqueza, perdonando la redundancia, yo por eso lo digo, sencillamente, y no creo que nadie me pueda acusar de contrarrevolucionario y de cosas por el estilo, porque estoy aquí, no estoy en Miami ni cosa por el estilo. Voy a cumplir cuarenta y un años (sic), y he dedicado toda mi vida a la literatura, y todos ustedes me conocen. Así, como dijo el compañero Retamar, aquí no hay ningún compañero contrarrevolucionario. Todos estamos de acuerdo con el Gobierno, y todos estamos dispuestos a defender y a morir por la Revolución, etc, etc. Pero eso es una cosa que está en el aire y yo la digo. Si me equivoco, bueno, afrontaré las consecuencias.

FIDEL CASTRO. Pero, ¿equivocarte de qué?

VIRGILIO PIÑERA. No, equivocarme no. Algunos compañeros dicen que eso no flota en el ambiente, pero yo digo que sí, ¿comprende? E incluso lo digo un poco como chiste de que lo van a declarar el 26 de julio. Pero es una impresión que hay, sencillamente, y es porque los artistas hasta ahora trabajaron en condiciones anárquicas, y porque usted sabe perfectamente, y sufriendo explotación como el pueblo, y por los gobiernos que teníamos. Ahora no los tiene, y entonces tiene que preguntarse por qué se especula, y es sencillamente porque se hace cincuenta mil preguntas. Porque todo lo que se ha dicho aquí, al fin y al cabo, si se va a manifestar como se dice, se han manifestado dudas y reservas sobre cómo debe ser la creación artística. Está en el ambiente, lo que pasa es que no lo han dicho, lo han dicho con optimismo. Yo lo digo «ramplán».

RESACA DE POESÍA INAUGURAL

Todo momento que aspire a ser notable (coronación, aniversario, triunfo de las armas) procura acompañarse de una polifonía adecuada. Y no bastará la multitud, las banderas y una tarima repleta de maestresalas y convidados. Para añadir el toque mágico se inventó el oficio de *versificator regis*, alguien que sabría imponer silencio en el instante justo y hechizar a la audiencia: una pausa en medio del júbilo ensordecedor, el recitativo de ocasión destinado a justificar tanta gracia derramada sobre la cabeza elegida. Esa cabeza caería o no, concebiría la grandeza o el hundimiento del reino, contendría la cordura o la demencia, pero siempre ha existido la sed de emotividad, aun entre espíritus pedestres, y allí no faltaría el sabroso panegírico que conmoviera al copero más pétreo. Nadie tan oportuno y útil como un juglar de corte. Los nombres varían según la época y el mapa, pero son la misma cosa: Poeta Laureado, Consultante de Poesía, Poeta Nacional.

Porque pese a su aparente divorcio, sostenido por la gradual especialización del verso (y a la vez, el gradual embrutecimiento del ejercicio de poder), rey y juglar convivieron sin esfuerzo durante muchos siglos, llegando en ocasiones a fundirse en una misma persona. De ese antiguo vínculo, queda acaso la «debilidad» del uno por el otro. Hemos visto al hombre de letras lanzarse a los pies del sátrapa, sin justificación aparente, y ya sabemos de la punzada que siente el caudillo al escuchar de otra voz sus propias campañas a golpe de trocaicos y anapestos. El eco de un amplio recinto sienta muy bien a la vanidad natural del declamador. El caudillo se lamenta de carecer de tiempo, de no poder revisar sus infolios secretos, porque «él también escribe sus cosas». De tal modo, muchos símbolos y obsesiones comunes no les permiten divorciarse: la búsqueda del tono y el ritmo natural, la indagación del Sentido supremo, la redención por las obras, los gestos persuasivos, las inflexiones, el histrionismo…

Escribir en aras de una agenda es inevitable, se diría, a juzgar por los resultados. No escribes para nadie, pero andas con el credo a cuestas. Aunque nada te encarguen, nunca has apartado ese credo de tu mesa. Lo extraño sería que un poeta no aceptase un reto. Ante el desuso del vejamen, también por esa creciente falta de impasibilidad para soportar el ridículo, la capilla prefiere el elogio. Unas cuantas estrofas suelen rellenar el agujero afectivo; la cadencia que envuelve al rebaño les entreabre la puerta y les muestra la inmensa pastura. Lágrima y moco, miradas cómplices, la comunión del instante, el Verbo como enmienda al Error.

Héroes no faltaron para que no faltaran los diez chelines sobre la mesa del artífice. Materia moldeable, bronce y decasílabos, mármol y elegías, que no siempre consiguieron redimirles, dada la natural esquivez del arte a ser apresado por la relatividad. Llámese justicia o infortunio, pero nunca la chapucería (palabra en sí suficiente) alcanzó su definición mejor que cuando estuvo reflejada en la estatuaria y la épica. Esas figuras tullidas, encorvadas y faltas de proporción nos siguen acompañando en el devocional de cada día. Ese arsenal de lugares comunes, dispuestos en verso, son parte del teatro gestual que instruye la memoria del ser civil.

Y entonces, la poesía inaugural «in the august occasions of the state», como diría el viejo Robert Frost. El imán del micrófono para otro género de multitudes: la épica del ciudadano y sus esperanzas. Ya no estamos hablando de aquella grandilocuencia tolerable a lo Whitman, Sandburg y Ginsberg. El discurso de lo inaugural se sustenta en cierta retórica terapéutica, exitosa entre pacientes cuyas neurosis sólo se aplacan con prédica evangélica y una dosis de sentido común disfrazado de «motivational speech». Lenguaje de terapia masiva, para corazones rotos, para el próximo declamador que aparezca: «I know there's something better down the road» nos recita una tal Elizabeth Alexander; «All of us as vital as the one light we move through», nos dice un tal Richard Blanco. Lo más peligroso de estas transacciones melodramáticas es que uno llega a sentirse culpable de objetarlas. Porque no es lo mismo ridiculizar una estatua deforme que ponerle reparos al poema en que nuestro prójimo inscribió su propia vida. «Hay que entender, es una ocasión única, es una oportunidad para el pobre juglar…».

Uno tiene que mirar con ternura estas coronaciones modernas, sonreír sin malicia y dejar que los feligreses consuman su pasión. Sentir piedad por alguien debe ser, todavía, un raro privilegio.

FEED YOUR HEAD!

Libros para sanar la mente. Libros para salir del laberinto. Libros para imaginar el diván del alienista y grabar su voz. Y la gente que quiere atarse al placer de la lectura y a la vez depender del criterio del Otro, por dejar de escucharse a sí mismos. Los manuales de los *cómo* y los *por qué* sustituyen así dos maneras de desbrozar las certezas: el asimiento de las realidades posibles (pasando página tras página, eludiendo el entorno) y el uso del sentido común.

Cuando alguien tiene que ir a la biblioteca o la librería para mejorar su vida, y desdeña la voz propia, no merece (ni obtendrá) vindicación alguna. Esa pulcritud para petrificar un fracaso y enumerar y nombrar las etapas que servirán de auxilio es el ingrediente principal de estos nuevos evangelios. Diez pasos para mejorar esto y diez reglas para desintoxicarse de lo otro.

Lo mismo ocurre a nivel empresarial. Se elaboran recetarios para mejorar el rendimiento de trabajo, las relaciones entre patrones y subordinados, la conciencia del individuo en vísperas de integrarse al colectivo. Se pretende así garantizar que aquel que aprieta un botón en una fábrica lo haga con la conciencia metafísica del hecho: que el botón empujado extraiga la realidad sobrante, y que el trabajador no sea un mero depositario de ritualismos.

Por supuesto, quienes llevan la delantera, para no perderla, son los evangelistas y los terapistas (¿o son uno los dos?), descubriendo siempre los mejores atajos hacia Dios o la sanidad.

Es de esperar que el hombre siga huyendo de sí, para escuchar la jerga prodigiosa de quienes han disfrazado los refraneros populares con lenguaje técnico y expresivo. Mientras las matrículas sigan aumentando, no decrecerán los seminarios ni las sesiones, ni los folletos.

EMPUJANDO CON MIGUEL BARNET

(Lectura comentada de su poema «Empujando un país»)

Yo soy el que anda por ahí
empujando un país

(Como es sabido, la isla flota de manera imperceptible, y el poeta confiesa ser el que la ha empujado durante todos estos años. Hacia dónde la empuja y con qué propósito, permanecen sin contestación. Además: no aclara cuántas millas ha recorrido: ¿40? ¿60? ¿90?):

No es una fantasía, es cierto,
me he pasado la vida empujando un país

(No es necesario que el poeta insista. Sabemos que es cierto, y de su capacidad para empujar cualquier cosa que ruede o flote, o que resulte inamovible para otros, como la carroza de la UNEAC. Se ha pasado la vida empujando, lo sabemos, como mismo ahora nos empuja este poema).

Con grandes piedras del camino
y mis zapatos gigantes
he ido poco a poco empujando un país

(Primera objeción ideológica: la imagen de las piedras y el poeta empujando han de asociarse a la figura de Sísifo, que aquí tendría una especial carga negativa. Imaginamos al poeta empujando una piedra que inevitablemente rodará cuesta abajo (¿la Revolución?) como condena eterna. Segunda objeción ideológica: la imagen de los zapatos gigantes tiene que ver con la figura del *clown*, el poeta como bufón de corte, que aquí se vería como una burla a la severidad y solemnidad que detenta el estado cubano).

Contra los grandes vientos
y la noche que chirría en sus goznes,

(Los grandes vientos podrían ser todas las corrientes reformistas que han recorrido el mundo durante las últimas décadas, a las cuales permanecen insensibles sólo dos países: Cuba y Norcorea, donde las elecciones son ganadas abrumadoramente por los únicos que participan en ellas. La imagen de «la noche que chirría en sus goznes» es contradictoria, pues si se refiere al capitalismo, sabemos que allí los goznes son engrasados debidamente. Si se refiere a la cárcel, resulta una imagen temeraria, tratándose de una isla donde abunda este tipo de edificación. Estaríamos enfrentando entonces una tercera objeción ideológica).

contra la falta de oxígeno
y los malos presagios
he hecho lo indecible por empujar un país

(«Falta de oxígeno» tiene que ser el embargo estadounidense. No cabe otra cosa. No puede estar hablando de censura ni de persecución ni de «quinquenios grises», ni de intolerancia sexual o religiosa, ni de «diversionismo ideológico». No, no, tiene que ser el embargo. Cuando habla de «malos presagios» se refiere a la certeza de que Cuba seguiría el camino de Europa del Este, luego del derrumbe soviético. Como se puede apreciar, Miguel Barnet resulta un poeta bastante accesible. Y también nos consta que ha hecho lo indecible por empujar el país, sobre todo con tantas interrupciones de congresos y viajes por todo el mundo).

Pero hay muchas otras cosas que hacer
como amar en lo oscuro,
sin paredes por cierto,

(Una idea muy cercana al poeta, la de amar en lo oscuro, ser amado en lo oscuro, incorporar oscuridad. Amar a la intemperie, sin paredes ni techos, defecar entre las ruinas, orinar detrás de la mampostería: todo esto típico de un país empujado).

o desgranar el arroz cotidiano con sabor a coleópteros,
o limarse las uñas frente a un espejo de azogue,

(Atención al verso del arroz con coleópteros, pues le suma puntos en el escalafón canónico de Roberto González Echevarría; y que muy bien le vendrían para seguir sosteniendo su candidatura en base a dos libros. De la misma manera que nuestro crítico de Yale salvó a Severo Sarduy por un cuento, no estaría mal agregarle un verso a la salvación de Barnet. ¡Dos novelas y un verso! ¿Las uñas limadas frente al espejo de azogue? Un buen resumen de *Canción de Rachel*, joya canonizada).

o jugar a la pelota
con los niños estrábicos del barrio

(Un momento, ¿dije un verso? Vale la pena paladear esta otra joya, repetir con deleite esa rareza de octosílabo seguido por endecasílabo: *O jugar a la pelota / con los niños estrábicos del barrio*. González Echevarría debe de estar de fiesta).

Así que perdonen si no escucho
las quejas de mis contemporáneos

(Tiene razón, son demasiadas quejas para atenderlas. Y nos consta que sus contemporáneos son propensos al perdón, pero es muy difícil que la Historia le perdone tanta genuflexión. De paso, aquí va una lista de las quejas más recurrentes: oportunista, mal prosista, folclórico, posador, cínico, vedette, sobador de chihuahuas…).

Yo no puedo hacer otra cosa
que seguir empujando un país

(Miguel Barnet cierra con la reiteración de su destino inevitable como Sísifo, y ese sabor postrero hace que el poema nos devuelva la duda: ¿Devoción por la causa o esclavitud? ¿Claves del precio que se paga como intelectual de la nomenclatura? ¿Estará dejando abierta alguna escotilla redentora? Por el momento dejémosle cuesta arriba, todo músculo, pujante y tenso, tras una roca árida y despiadada que con toda seguridad volverá dando tumbos hacia el abismo, como castigo de un dios).

FERNÁNDEZ RETAMAR, REESCRITURA Y CIRCUNSTANCIA

Uno de los placeres que me proporciona la relectura de *Calibán*, ensayo programático y diatriba personal del siempre oportuno Roberto Fernández Retamar, es la verificación de su sometimiento gradual a variables sucesivas: de la euforia revolucionaria, pasando por los innumerables ajustes de enfoque, hasta el momento bolivariano actual. La visible energía de 1971, cuando todo apuntaba a una redención del personaje deforme y su relato marginal, se lee hoy como mera ilustración de un proceso en su fase más bullente y que por regla no concebía réplicas o enmiendas. Pretender aplicar fórmulas imperiales o intentar su glosa entusiasta garantizaban el estigma colonialista, la anulación del propio ser. Descreer del orden reivindicativo castrista merecía cuando menos el aplastamiento. Tal era el propósito de aquellas páginas: aplastar y servirse del capital de credibilidad que aún conservaba la revolución. Y de cierta manera, servir de corolario revitalizador del otrora panfleto martiano «Nuestra América», aquel que remataba con la imagen del Gran Semí, sentado en el lomo del cóndor regando la semilla de la América nueva.

El autor de *Calibán* se entretiene con algunos nombres, y no le preocupa el cariz subjetivo de su ataque: Carlos Fuentes, Emir Rodríguez Monegal, Severo Sarduy. Aquí repite el tono admonitorio de su carta abierta a Neruda (un cotejo entre ambos documentos demuestra las afinidades estilísticas), pese a que ya ha comprobado las consecuencias de la lectura prejuiciada de cualquier hecho u obra. Está purgando su condición de escriba, siendo objeto de escarnio por parte del chileno, y vuelve a emplear el mismo tono enfático contra el enemigo de ocasión. Hay que releer su apreciación de la escritura de Borges como «un peculiar proceso de fagocitosis» y de su condición «colonial» para darnos cuenta del grado de impunidad que había adquirido para entonces nuestro implacable funcionario cultural.

De muchas maneras, Retamar ha tenido que tragarse casi todo cuanto ha escrito. Se ha justificado alegando el peso de las circunstancias, (la típica excusa castrista, esa que no señala culpables) y ha tenido que agregar notas aclaratorias por aquí y por allá. De él escribió Neruda en los siguientes términos: «En La Habana y en París me persiguió asiduamente con su adulación. Me decía que había publicado incesantes prólogos y artículos laudatorios sobre mis obras. La verdad es que nunca lo consideré un valor, sino uno más entre los arribistas políticos y literarios de nuestra época».

Fue así que lo vimos correr a Buenos Aires para sacarle una autorización editorial a Borges, y allí rendirle la pleitesía más descarnada, pese a que esas páginas que pretendía antologar eran «el testamento atormentado de una clase sin salida». Tampoco tuvo reparos en aceptar una invitación como jurado al Premio iberoamericano de poesía «Pablo Neruda», en Chile, sin pedir excusas a los chilenos que aún guardan en la memoria aquella carta y los sinsabores que le trajo al poeta de Isla Negra.

Pero el acto justiciero mayor, como ya dije, es la relectura de *Calibán* (que, por cierto, se transformó en *Caliban,* palabra llana) en su calidad de pieza museable. Con el advenimiento del siglo XXI el exceso de coraje se ha volcado en acciones que nada tienen de justicieras: la guerrilla mestiza se especializa en tráfico de estupefacientes, en secuestros de civiles. El vínculo entre clase, raza y solvencia económica se ha ido esfumando. El elemento racial no tiene la visibilidad de hace cuatro décadas. La violencia ha quedado en las palabras, en su expresividad. De repente, los gobiernos buscan ser inclusivos, para sobrevivir. La excepción la constituyen los que antes alardeaban de ser progresistas, cuya eficacia represiva les permite acallar cualquier tipo de disidencia. Y es que ninguna sociedad será capaz de vindicar a la especie humana si precisa basarse en latitudes, fisonomías, aceleración de procesos sociales, ideologías... El Calibán resemantizado, vestido con el atuendo civil que Ariel le prestó, terminó sentado a la mesa de las negociaciones. Asintiendo, cediendo, aprendiendo reglas de diplomacia. Y Próspero, refugiado en una cátedra del Norte, le otorga becas y le dedica estudios culturales.

Para la universidad capitalista Calibán no deja de ser sujeto atractivo en tanto figura curricular, pues constituye otro símbolo que agregar al rosario de expiaciones. Como concepto-metáfora, no debemos creerle al autor cuando nos asegura una vigencia que se basa en su utilidad para hacerle oposición al sosegado Próspero. Sin embargo, el propósito definitivo de su bestia ha de ser otro: el de confirmar la vuelta al pasado, a la animalidad original. ¿Qué mejor concepto pudiera describir el estado corriente del neocastrismo, el fenómeno bolivariano que arrecia su empuje simiesco a todo lo que no tolera o comprende? ¿Qué mejor destino para Fernández Retamar, firmador de cartas oficiales, el que su personaje represente a la turba que agrede a las mujeres de Cuba y a los estudiantes de Venezuela?

Ahora que está a punto de ser disculpado por los años, no se me ocurre clasificación más apropiada: un escritor excesivamente atento a las circunstancias. Quizás el más atento del gremio cubano, siempre aguardando el momento propicio, casi adivinando el capricho de sus superiores, la pluma impaciente…

RENÉ VÁZQUEZ DÍAZ: JARABE DE CUNDEAMOR

Habrá que desentrañar, si es que existe, esa teoría de las texturas donde el repasador de lo elemental logra hacerse visible puliendo sólo ciertos exteriores. Digamos, a un cubano fuera de su tierra le bastarían los consabidos ingredientes temáticos que apuntalan ruptura, nostalgia y ambivalencia (tres claves para tratar la diáspora, entre otras) y con ello conseguiría un mínimo de atención. Si hablásemos de un novelista, de un sujeto trasplantado que precisa foro, no nos debe extrañar que su obra dependa de tintes pronosticables, los que se usan para disfrazar la misma historia de siempre.

Hablar de René Vázquez Díaz es desviarse del camino para descubrir que el presunto atajo nos condujo al sitio de antes. Esta nota señala la imposibilidad de darle satisfacción alguna, pues no sabe ganar ni perder. Ni siquiera pertenecer. Como narrador no ha conseguido vencer la descripción periferal de los emblemas cubanos. Como aguafiestas diaspórico no ha logrado disimular su odio por los círculos de poder, ya sea la selectividad arbitraria de revistas como *Encuentro* o el criterio artesanal miamense; su odio, asociado a su escaso sentido del humor, le acercan demasiado a la retórica fogosa que ya usan muy pocos en la isla. Pero entonces, como que los escritores oficialistas saben jugar a la paz entre congéneres, no comulgan del todo con alguien que estampa su resentimiento en cada párrafo que comete. Nadie que pretenda salvarse en la diplomacia quisiera tenerle como vecino de asiento.

René Vázquez Díaz, al igual que su literatura, es un vaso frágil y transparente. Quebradizo y celoso de la gravitación. Leerle es verificar la certeza de que ya no nos quedan enemigos de mérito. ¿Y habrá mayor desconsuelo que ese?

EL ÁNGEL DEL UMBRAL INTERROGA AL POETA INTEGRADO

A: *Una transición furtiva, casi como ardor que se apacigua...*

PI: Yo no hubiera pedido otra cosa...

A: *Es una extraña mezcla de credenciales. Tengo ante mí estos legajos en cursiva, donde descubro impaciencia, razones acumuladas sin una tesis original, un gusto por describir lo visible...*

PI: Tenía la escritura como el recurso idóneo para...

A: *Idóneo. Va a tener que olvidar esa terminología. La toleramos al principio, sabiendo que aún se carga tanto remanente físico. Yo hablaba de la impresión general, de la impaciencia en los apuntes, el énfasis por la cotidianeidad. Le aclaro que no busco entorpecerle esta primera etapa, pero debe esperar resistencia de nuestra parte. Usted, que pasó por tantas aduanas, debe estar acostumbrado. Es el procedimiento.*

PI: Le agradezco esa precisión. Escribir poesía es vencer resistencias.

A: Por ahí andamos entonces. Esa frase suena distinta en otros poetas, se lo aseguro. Le pregunto, ¿se considera un artista asimilado por el uso, por el lector ideal?

PI: Durante mucho tiempo creí que mi labor como poeta…

A: ¿Su labor?

PI: … que mi función como poeta había sido gratificada. Fui leído, aprendido de memoria, recitado ante las masas, llevado como resguardo por el lector común, que era mi interés primordial. Pero con los años sobrevino la duda…

A: La duda salva a los justos.

PI: Llegó el momento en que sentí que se me debía más reconocimiento.

A: ¿De qué hablamos aquí, de la Academia?

PI: Digamos que del sentido crítico ulterior. Del trasfondo que sustenta a la escritura.

A: Caemos en lo utilitario, tan atractivo y pasajero…

PI: Mi credencial mayor es saber que nada importa. Así lo creo ahora. Escribía para mí, para aliviarme.

A: Dentro de lo cursivo, trazos de angustia. Pero usted se entretuvo en alianzas que negaban al hombre el derecho a la angustia.

PI: Me entretuve, así de llano. Me consuelo con intuir que nunca hubiera carecido de ingenio, de haber nacido en otro tiempo, en otro sitio.

A: No le faltó el ingenio. Le faltó el cinismo. Vea que pudiera ser una contradicción, pero buenas dosis de cinismo le abren al mortal otros senderos. Y el sendero hacia Dios. Le ilustro: un poeta que no puede salir del bosque frondoso, como experimento. El poeta corriente se queja de tanta sombra. El poeta divino canta a esa sombra, y a luz que le espera. El poeta irrepetible se da cuenta de que experimentan con él. Y se da el lujo de callarlo.

PI: Horacio, Whitman. Yo buscaba tantas cosas en ellos.

A: No pretendo demorarle. Pese a tanto abigarramiento y periferia, le deseo que aproveche esa calidez innata que nunca liberó del todo.

PI: Y la certeza, tardía, de que ningún credo que pretenda emancipar al género humano es comprensible. ¡Cuánto cansancio, Dios mío!

A: Ahí está la pastura, y más preguntas.

QUE TRATA DEL RECLAMO DE PATERNIDAD QUE HACE NORBERTO FUENTES SOBRE LA DISIDENCIA LITERARIA EN CUBA, Y SU PROPIA RELACIÓN CON EL ORDEN *ORNITHORHYNCHUS*

Yo no soy el único obsesionado con Norberto Fuentes. He leído reseñas donde los autores dan fe de su curiosidad por el sujeto, como si fuera una especie de ornitorrinco literario que amerita la verificación y el escrutinio. Porque es difícil encontrar un hombre de letras cuya esencia sea la suma de todas las cosas que no es. Así, Norberto Fuentes no llega a ser periodista por su excesiva cercanía, capaz de abandonar la cámara y el bolígrafo para limpiarle la metralleta al general o participar en interrogatorios de prisioneros; no es escritor, novelista, cuentista, prosador: sus libros no califican como buena literatura, aunque sirvan de referencia a la filología de la Revolución; no es hombre de acción, pese a haber servido como adlátere de selectos (dulces) guerreros, ya que la pasividad palaciega es una de sus grandes pasiones; es incapaz de escribir un buen *memoir* porque sus memorias son las de otros; no es intelectual castrista, pues fue desterrado de la Corte hace muchos años, sin posibilidad de readmisión; no es activista contra la dictadura que gobierna en su país, pues su papel se limita al análisis desde ángulos inesperados, como si todavía mantuviera un acceso secreto; no es una figura visible, pero mantiene opiniones que siguen siendo bien pagadas; acopia notas y más notas sobre su propia masculinidad, y a la vez nos agobia con minuciosas descripciones de portañuelas abultadas. *Ornithorhynchus anatinus* dije, y no dije mal.

Norberto Fuentes reaparece ahora como uno de los dos padres de la disidencia literaria, según él mismo. El otro es Heberto Padilla. Tal disidencia consiste en un librillo tirado contra la pared por el Crítico en Jefe, y en una memorable puesta en escena, allá por 1971, luego de que Padilla inculpara a varios escritores. Fuentes negó las acusaciones allí mismo, para desentonar en plena actividad o para agregar realismo al *Mea Culpa*, según se mire o se crea. Con ese expediente, tan flaco como el librillo, cargó durante varios años. Fuentes resulta entonces el único disidente literario del castrismo, ya que la disidencia de Padilla «pertenece a otra experiencia», en este caso la soviética.

Está visto que el reto de toda discrepancia sigue siendo el reconocimiento, especialmente en una nación donde el gobierno y sus objetores, por igual, minimizan a quienes pretendan desplazarles. Y si se trata de algo tan discutible como «disidencia literaria», estaríamos asistiendo a otra manera de pasar por encima de los libros, sin leerlos, para darles crédito cívico y consagrarlos. Yo creía que escribir bien, a pesar de la opresión que pueda ejercer la realidad, era disentir. Muchos escritores creen pertenecer a órdenes exclusivas, a base de doctrina y geografía, sin haber logrado una obra que los justifique. Escriben y contabilizan los poemas, se ufanan de las ventas, pretenden obtener patentes de visibilidad. Yo creo, sinceramente, que el nombre de Norberto Fuentes aparecerá en transcripciones futuras, pero no como miembro exclusivo de ese club que pretende inaugurar, sino como apostilla. ¿Disidencia literaria? Si usted no ve un pleonasmo en esa pretenciosa construcción, mejor siga evocando guerreros y describiendo paquetes testiculares, que llegará lejos.

INSTRUCCIONES PARA ESCRIBIR POESÍA MODERNA

Para estar en la avanzada de su generación, y dejar perplejos a sus posibles lectores, usted necesita invertir sabiamente su tiempo. Escribir poesía resulta un ejercicio grato si logra apartarle de otras distracciones: la economía, la familia, el vértigo social. Usted puede carecer de sensibilidad y sentido trágico, pero no puede prescindir de la tramoya. Suplante la emoción por la alevosía, y verá cómo se le rinden todos los puentes levadizos. Aquí siguen algunas instrucciones útiles:

- Disponga de abundante bibliografía para su arsenal gnoseológico, teoría literaria, estructuralismo y semiótica, psicoanálisis, tratados de estética moderna, narratología, deconstrucción, metafísica, antropología. Y todo Nietzsche.
- Añada algunos libros de poesía clásica, y algunas antologías del simbolismo y el surrealismo francés, del modernismo anglosajón y el vanguardismo hispanoamericano.

- Enciérrese un año (esta es la parte más difícil), y estudie concienzudamente. Más importante: tome abundantes notas, a las que tendrá que acudir con seguridad. Y transcriba citas y citas, las cuales podrá colocar a la cabecera de sus cuadernos o como exergos en sus poemas.
- No gaste su tiempo estudiando a profundidad una lengua extranjera, pues las frases que incluirá en los versos (frases suyas, pensadas en esa lengua) tendrán que tener errores ortográficos o de sintaxis. Es una especie de marca elegante y desfachatada.
- No se preocupe por la partición de versos o la puntuación, pues lo arbitrario aquí se traduce como «audaz».
- Incluya gráficos, dibujos, neologismos onomatopéyicos. Lo audaz, recuerde lo audaz.
- No se olvide del uso abundante de comillas y paréntesis, de los puntos suspensivos y símbolos de otros alfabetos. Su discurso debe ser entrecortado, áspero a ratos.
- Asuma el texto en función de un balance entre todos los elementos de la página. La disposición gráfica de los versos forma parte de la expresividad del poema moderno. Los espacios en blanco complementan la ilusión residual.
- No discrimine palabras por ser más o menos «poéticas». Vocablos como «sobaco» y «champú» pueden integrarse a su discurso. Su texto ganará en naturalidad.
- Olvídese del sentido intrínseco de su obra. Ahogue emoción y mensaje con imágenes que llenen ese vacío entre Hombre y Esencia. La poe-

sía es siempre un vínculo, sea inesperado o no. Incorpórese al movimiento estético de turno. Asóciese con escritores afines. Funde su propia escuela en último caso. No deje que el azar dicte su destino y notoriedad. La poesía es ubicación y estrategia.

ELOGIO DEL HIJO RENEGADO

No por desearlo con vehemencia habremos de leer lo que sigue faltando en la isla: escritura sin coordenadas, ajena a un ficticio contrato social o estético. Pienso en el hijo renegado como ejemplo de esa recuperación del sentido avizor que echamos de menos. Nos recuerda que no todo es silencio sepulcral o graznido oportuno, como es usanza en estos tiempos. Nuestra generación se ha quedado allí muda por apatía o complicidad, porque ambas cosas tienen sus recompensas. Los espacios editoriales tramitan sin esfuerzo su cuota de palabras, porque libros y proyectos sobran. Palabras que acomodan el cuerpo literario, para dejarle reposar en paz. Libros y libros que no dicen nada, que no se atreven a provocarle escozor al durmiente. Y entonces: también están los que prefieren pastar tan apacibles que ni siquiera se atreven a despertarse a sí mismos. Pues hay que sobrevivir, ¿no?

La conciencia crítica, en el caso de una isla, tiene que parecerse a esa órbita de botes de salvamento que todo naufragio propicia. Un estallido que se sabía inevitable, la nave del gobernalle roto, y que algunos no pueden (o no quieren) abandonar. Otros se saben condenados al misterio, a la inmersión paulatina, y prefieren seguir aferrados a su instrumento. Por muchos asideros que aparezcan, nada se puede contra la resignación o el cansancio. Cuando se tiene esa ventaja (léase: no tener nada que perder, salvo la entereza) los actos de escribir y comunicar resultan más creíbles, despojados de falsa doctrina, lavados de servilismo y ansias de calmar a la tripulación.

Ese hijo renegado, a quien nadie conocía hasta hace muy poco, no ha podido evitar un acento del que nos hemos hecho adictos. Y aquí no hay recetas ni fórmulas secretas: sólo agudeza y claridad. Por buscarla, hemos desechado la costumbre de indagar en sitios cuya retórica desborda su pretendida eficacia. Los medios tradicionales han perdido su filo al no poder entender que lo espontáneo y lo inmediato también sirven al conocimiento, siempre que tanta fluidez no llegue a enturbiar la razón. Políticas editoriales, composturas heredadas, formalismos que impiden cualquier tipo de riesgo: ¿qué ventajas les quedan sobre el individuo y su afán de protagonismo? Pero más aún: ¿son más creíbles por cumplir los requisitos del acervo que representan?

Defiendo así una tesis atrevida, porque comprendo que describir certidumbres no es tarea dada a quienes se creen herederos de algo, y ostentan su condición acumulando cuartillas. Sentimos que falta otro sentido, otra densidad. En un mundo donde escritores y policías se confunden, yo prefiero leer a quien evade los cercos sin siquiera percatarse de ello.

Hayamos escapado del naufragio o no, nos queda la conformidad de saber que la bitácora descansa en buenas manos.

EL ÁNGEL DEL UMBRAL INTERROGA A CYNTHIO VITIER

A: *El último de una singular cofradía, por no llamarle estirpe, ¿podría ser?*

CV: Me sobreviven otros, quisiera creerlo así. Algunos muy cercanos, por sus tantas objeciones y su insistencia en situarse más allá, donde nadie puede clasificarles. Y una esposa que sí tuvo el Verbo.

A: *¿Le alarmó alguna vez su propia intransigencia? Porque usted fue muy específico en sus demarcaciones, forzando un sentido que acomodara la poesía a un telos nacional.*

CV: No he dejado de creer que la poesía sirve a un fin superior. El hecho de ser tajante, a veces, no me impidió descubrir la utilidad de otras perspectivas. Se me reprochará que desterré algunas voces discordantes con mi propio mapa; pero me auxilié de buenos argumentos, sin dejarme tentar por la arbitrariedad. Ya no era el gusto o la eficacia intrínseca de la obra, que para mí no cuentan, sino su trascendencia y su condicionamiento al Ser.

A: ¿No fue arbitrario el usar un argumento nacionalista, aunque el término pueda sonar excesivo, para obviar el valor de lo existencial en poetas incómodos como Piñera?

CV: Así como usted repasa mi vida, como examinador, yo preferí juzgar la literatura en base a un propósito que rebasaba las coordenadas habituales. Me sentí capaz de juzgarme a mí mismo y no absolverme. La función del crítico es ser riguroso y saber explicarse el rasguño de lo temporal sobre la infinitud. Un libro, una poética específica son maneras de acceder a la salvación; cobran sentido cuando se conciben en estado de gracia. Tuve la suerte de conocer a quienes escribían iluminados por ese conocimiento. Pero también existen libros que se dan el lujo de distraer los sentidos. Como si fueran artefactos que agradan y seducen, y luego se borran cuando se acaba el espejismo.

A: ¿No puede el hombre percibir el Ser en un instante efímero, irrepetible? ¿Acaso la perfección no puede vislumbrarse sin buscarla, cuando se es un elegido?

CV: Toda certeza sirve para ser destruida. Cuando se quiera entender cuánta perplejidad alberga un hombre, úsese mi ejemplo. De ahí mi obsesión con Rimbaud, a quien nadie podrá categorizar jamás… ¿Me disculpa tantas explicaciones? Al cabo somos tan pobres…

A: Una pobreza que sabe dónde remediarse, e insiste en sus hábitos.

CV: Yo tendría que purgar tanta pretensión…

A: ¿La redención social como excusa para servir a los uniformados? ¿No es eso conceder credibilidad?

CV: Es que hablamos de un tránsito, donde confluyen ideas generosas y hombres atados a su circunstancia.

A: *¿Una nación que ya no se reconoce a sí misma, dispersándose?*

CV: Confieso que el desasosiego me paralizó muchas veces, pero no podía abjurar justo cuando más fácil era hacerlo. Se ha pagado un precio terrible, es cierto. Yo he pagado ese precio.

A: *¿Habla de una redefinición de sus Orígenes, de un rescate forzado en nombre de la Causa?*

CV: Pero ha de juzgarse ese empeño como la única manera que nos fue dada. La excesiva cercanía de Lezama es preferible a su desconocimiento. El cuaderno origenista sigue abierto, palpitante...

A: *Virgilio y Lorenzo no se han aquietado aún. Quizás ellos han de interrogarle más. Y algunas preguntas serán difíciles.*

CV: No más difíciles que las que me he hecho yo.

A: *Entonces no tengo que indicarle el camino. Lo están esperando.*

EL CERVANTES COMO LIMOSNA

¿Quién puede ubicar la linde escurridiza donde se inició el declive de los Premios Cervantes? ¿El nuevo milenio y el caos de la literatura en español? ¿O fue la concepción misma (o el capricho académico) de usar el Atlántico como tabique que separase las dos categorías: peninsulares y americanos? Un guiño del ojo paciente, otro del ojo enardecido: ¿fue esa la razón?

Porque ahora nos trae, casi como guirnalda funeral, este premio al bueno de Juan Gelman, a quien todos sospechábamos insepulto pero tranquilo, en paz con su suerte de hacedor menor. Le ha venido el famoso lauro como mascarilla, como confirmación de que la justicia puede ser un roce casi impalpable y caballeroso: señor mío, es suyo este cetro postrero, así que apriételo firme aunque le tiemble el pulso.

Cuesta abajo y sin frenos, el Premio Cervantes ha comenzado a resultar accesible para ciertos estratos de nuestra literatura más placentera. Como pudieron salvar el escollo de García Márquez, quien les quitó responsabilidad hace ya tiempo: «Después del Nobel, no me hace falta nada más», ahora se dedican los catedráticos al juego de las reinserciones. Comenzando por Gelman, luego de unos cuantos años de palidez compensatoria, no andan lejos de barajar los nombres de sus hermanos de causa: Mario Benedetti, Ernesto Cardenal, poetas de lo cotidiano y lo inmediato. Y de lo efectivo.

Ah, la poesía latinoamericana, de donde partieron las lecciones que reformaron la prosodia dictada por el cansancio de las formas. Esa poesía diáfana, tan dispuesta a ser declamada ante la gente común, copiada a lápiz y luego revertida sobre el inconsciente que se hace mito al final. Juan Gelman representa todo lo que permanece físicamente cuando se disipan los frutos de la intrepidez. No vamos a tener otro siglo de Darío, Vallejo, Huidobro, Lezama, Paz y Borges. Ahora que no queda nadie, no resulta mala idea alumbrar los reversos, levantar los cantos y revisar los despachos.

Miren si no: alzaron una cortinilla estampada, buscando afanosos, y allí encontraron acuclillado a un redactor de versos que habían olvidado. Y le encasquetaron el premio gordo de la Lengua.

RECETA DE NOVELA CUBANA

Nombres de personajes:

Alejandro, David, Mariana, Fernando, Miguel, Diego, Claudia, Patria, Orlando, Daniel, Libertad, Mario...

Entornos recomendables:

La cárcel, La Habana en ruinas, escuela en el campo, balsa en altamar, geografía angolana, edificio habanero en ruinas, submundo socialista, Miami...

Tramas posibles:

Incomprensión de los padres revolucionarios, relación entre poeta y prostituta, ciudadano envuelto en trama kafkiana, visión caótica del encierro insular, escritor que se ufana de acostarse con una multitud de mujeres, desmontaje de mitos oficiales, vivencias de un artista inclasificable, un soldado que se pregunta qué hace en tierra africana, revisión acrítica de algún suceso o personaje del pasado, protagonista homosexual que refiere su trágica biografía, una mujer que hace larguísimo recuento de peripecias sexuales, desengaño del protagonista con la sociedad que él mismo ayudó a construir…

Técnicas a usar:

Planos paralelos, collage, cartas entre personajes, apuntes de diario, notas tomadas en el Taller de Narrativa, monólogo interior, diálogos que se apoyen en el habla natural para buscar credibilidad, recreación de atmósferas con tintes poéticos, intertextualidad, profusión de palabras coloquiales u obscenas, uso de referencias esotéricas…

Posibles títulos:

La flor del espejo, La cifra oscura, Ruinario, En afrenta y oprobio sumidos, El monte sin espumas, El polvo en los ojos, Hoy represento el pasado, El ocaso infinito, Manos a la obra, Osario Nacional, Tierra sin nombre, Tratado de circuncisión ideológica, Habaneramiento, La masa cautiva, Hambre de perros…

Destinatarios:

Concursos en España, concursos nacionales, concursos latinoamericanos, directorio de correos electrónicos, casa editora nacional, gaveta para la posteridad, concursos en España, concursos en España, concursos en España…

ESCRITURA DE TALLER O CÓMO ARREGLAR AL POBRE CERVANTES

Los talleres literarios constituyen una manera de adiestrar a los que creen tener capacidades escriturales. Son una vieja y universal (más de lo que creemos los cubanos) manera de domar el estilo y la redacción. En nuestro país cuentan con abnegados defensores, que les mantienen vivos a fuerza de debates y reencuentros, con lecturas competitivas, clases y ejercicios retóricos.

Existen tres posturas bien definidas con respecto a su utilidad:

> a) un taller literario sirve para limar y tachar, para mejorar un texto con las observaciones de sus integrantes.
> b) sirve de alguna manera como tertulia y punto de encuentro entre personas afines.
> c) quien no es capaz de juzgar sus propios textos con mirada implacable, mejor que deje de escribir.

Y así, entonces, existe el tertuliano pragmático, que cree un poco en cada una de las tres teorías y aprovecha lo que puede de ellas: lee públicamente un trozo recién escrito y del que duda aún, comparte con sus *semblables* todo lo extraliterario que le espolea por dentro, se convence de que su escritura es superior a los demás y de que no regresará a otra sesión.

En Cuba, este tertuliano es el que más abunda. Ciertos escritores no pueden apartarse del todo de este influjo/reflujo que los mantiene en contacto con un grupo afín. Y cuando se trata de concursos (los llamados Encuentro Debates) asisten en calidad de jurados o de contendientes, pues podrán ocupar la habitación de un motel, comer bien y tratar con escritores de prestigio nacional e internacional. Para los guantanameros, es la única manera que tienen de compartir con sus colegas pinareños, para poner el ejemplo más extenso.

La lírica y la narrativa que se escriben dentro de las fronteras nacionales, con varias excepciones, están signadas por retóricas y temáticas de las que no es conveniente salir si se quiere obtener reconocimiento. El modesto taller literario se ha expandido hasta convertirse en el Gran Molde que sombrea nuestras letras. Y hablo figurativamente. Sin embargo, la mentalidad de taller sigue acechando y firmando páginas y páginas irreprochables desde el punto de vista formal.

Hace unos años, seguí una breve polémica publicada en la red, entre un renegado del Taller de técnicas narrativas que dirige el escritor Heras León y varios discípulos (y uno que intentó hacer de árbitro). De ella pude extraer lo siguiente:

- ciertos escritores aún se resisten a normas prescriptivas;
- se sigue confundiendo mecenazgo con magisterio;
- si Cervantes hubiese asistido a un curso de narrativa, hubiera escrito mejor (según los talleristas);

- se siguen barajando los premios como símbolo de calidad literaria;
- el gradiente de amistad sigue impidiendo el uso de una crítica, sea amable o no;
- se aplica el término de egresado a quien culmine dicho curso o taller (¡*egresado*!);
- cuando se cuestionan cátedras o figuras representativas como Heras León se cede tiempo al «enemigo».

Menciono esta polémica por tratarse, en su mayoría, de talleristas. Y siendo tales, no demuestran ni un ápice de lo aprendido, pues su egresado virtuosismo no se distingue por parte alguna. Quizás se informaron sobre ciertas normas narrativas, quizás hayan aprendido a contar una historia con la tolerable efectividad. Pero no saben esgrimir y defender un argumento a través de la prosa. Un taller de formación narrativa debería incorporar técnicas periodísticas, y abordar el ensayo, el artículo; ocupar al discipulado en leer poesía, teatro, testimonios; obligarlos a debatir entre sí, asignando roles opuestos; sumergirlos en problemas de lógica y teología, por ejemplo.

El taller literario es aprovechable si logra ejercitar la razón. La palabra es mero vehículo. Y aunque lo dudemos, es un privilegio.

Así entonces, imaginemos que el poema siguiente se hubiese presentado a una sesión de adiestramientos retóricos. La avalancha de objeciones hubiese hundido al autor, uno de nuestros grandes poetas, en el descrédito mayor. No hubiera pasado de una sesión municipal.

Como le pesa más el hombro izquierdo,
está allí, enredado en la reja de sus pies,
el idiota. Vuelve a su abecedario desleído,

agua con hilachas marchosas y cáscaras sedosas.
Este idiota está dañado, se entrega empujando
al revés, a los merengues corporales; babea
sobre el phalus impudicus, *babea*
sobre los manchones de la retrasada tosferina;
babea sobre las tumultuosas enmiendas de la plana.
La mosca huye a Terranova para evitar el babeo.
Bob, Bobby, La boba *tiene cuenta corriente,*
abre cuenta corriente, babea el billete
de pago por babear otro cuerpo.
No sabemos dónde está, La boba
escarba en los hormigueros coliflores.
En el tercer acto de Giraudoux,
en el servicio tiznado de marmolite granadino,
babea lentamente las excelencias de una sílaba,
o cubre en Le mouton sans fleur *con baba de piedra*
dos perdices rosadas con mandarina almendraleja.
«Oiga, usted se le parece tanto que le ordenamos
la siesta, oiga, oiga».
Enreda con baba la filológica lectura
y pregunta por Ivan Yusuf La Condamine.
Sobre su rostro el santón bosteza las nubes de sus parábolas.

CÓMO PERDER DINERO EN BUESA

Podemos coincidir en la idea de rescatar a José Ángel Buesa, para romper la perspectiva tradicional de poeta fácil que le endilgan los lectores exigentes. Y coincidir no significa creer que estamos haciendo un acto justiciero, sino un acto sedicioso que podrá incomodar a no pocos del gremio. Se puede mirar al poeta desde una luz menos privativa, y reconocer que sabía versificar, ganarse la gracia del lector común, enseñar su estro en determinados momentos y vivir de su pluma. Hasta ahí podemos prestarnos al juego de la resurrección.

Pero otra cosa es tratar de aislar un tipo de escritura, y darle un apellido que no lleva, si al cabo sabemos que el término «poesía del sentimiento» es una redundancia más. Lo que se conjura como ganancia en la obra del crucense, esa vaguedad y falta de ambientación que debe tocar al lector universal, puede validarse del mismo modo que se haría con cualquier otro fabricador de ilusiones. La carencia de anécdota y vivencia íntima en sus poemas se convierte en sello de autenticidad, según los que hoy se adelantan a pagar su rescate, olvidando que todo artífice busca en la generalidad lo que confesar no puede, porque responde a códigos de fácil acceso, a modelos genéricos en tanto le sirvan de soporte a su mensaje prefabricado. El arte sin patetismo e irrisión es arte embotellado, y de ahí que cada asomo biográfico en todo libro que se niega a entregarse por las buenas sea plenamente justificable, y deseable. Se trata de credibilidad, y la razón que nos lleva a los unos a reverenciar lo que otros aborrecen. A veces somos reflejados en lo que leemos, y apostamos todo lo que tenemos por esa comunión pasajera. La poesía de Buesa, bien embotellada y etiquetada, era inteligente por saber adecuarse ante la mayor cantidad posible de feligreses.

Si se tienen razones urgentes para exponer una tesis de rehabilitación, búsquese mayor cobertura, porque de nada vale cargar con un arsenal de análisis literario y gastarlo en el siempre oportuno *Poema del renunciamiento*. Semejante tesis no ha de sostenerse en un pilar tan previsible y lamentable, y nos consta que aquel caramillo tuvo otros momentos de inspiración.

En definitiva, aunque se oponga resistencia a la idea, Buesa fue un personaje atractivo y en muchas maneras loable, pero también un poeta mediocre. Podemos leerlo sin complejos, y hasta defenderlo de tanta severidad conceptual que juzga sin hurgar dentro de otras poéticas disfrazadas, pero el resultado es invariable: poesía a granel, al por mayor, corriente.

INTRODUCCIÓN A LA METATRANCA

«La imagen, al comprenderse en su carácter de sistema, reformula el presupuesto del logos dentro de su propia serie de funtivos, o sea, lo somete, desde su sometimiento, a su expresión estructural, a su semiotización; todo a partir de aquellos sincretismos que pone en juego en su metadiscursividad. Un producto que se reproduce indefinidamente en su imagen termina por representar más, no solo en el ámbito de la percepción masiva, sino también, y con índices que pudieran alarmar a los puristas, en buena parte de los ámbitos de especialización. Así, los mecanismos propios de la economía racional siguen en ventaja, no solo desde el punto de vista del desnivel en los patrones de conocimiento cultural del receptor, masivo o experto, sino en las posibilidades de viabilizar el sustento de proyectos que cambien los modos perceptivos. De ahí que sea imprescindible la especialización en el debate de conjunto con una necesaria sacudida de prejuicios en el interior de la crítica. Constituye, entre otras cosas, una digresión metatextual que marca su compromiso estilístico con la exotopía. Porque el distanciamiento exotópico constante es un viaje iniciático que, a través del sentido universal codificado, equipara el suceso cotidiano a esa herencia cultural.

»Pero es en la capacidad discursiva del discurso mismo, en su mínima estrechez metodológica, en su producción tropológica elemental, en su manera de hacer que cada elemento sea, en principio, idéntico a otro, donde se fundamenta esa constante aprehensión de otredad en la escritura… Así, el autor predice la constante necesidad de un otro —receptor pleno acaso— portador de una conciencia cultural atemporal, extradiegética y constante, que fundamente el proceso de la comparación en el plano receptivo. La educación cultural requiere una esencial paradoja significacional: más pragmatismo en el ámbito expresivo y menos pragmatismo en la esfera de la comunicación.

»El procedimiento de interacción entre los niveles metadescriptivos y los aprehensivos define, al menos para una semiótica de la cultura, el concepto que necesitamos para la operatividad científica, tanto en el plano epistemológico como en el estrictamente significativo. La sintetización difumina los conjuntos en virtud de los rasgos redundantes y de los paradigmas dados generalmente en mitemas, ideologemas e idiolectemas. La sincretización, por su parte, condiciona complejos procesos sustitutivos en los cuales la suma de elementos y rasgos connotados llegan, incluso, a abigarrar los diferentes contextos. Ocurre en realidad una desconstrucción constante, una imposición de la aprehensión semiótica trasvestida en el discurso narrativo. La proyección intergenérica, por tanto, regenera los diálogos internos con independencia relativa, tanto de las aprehensiones que provienen de la cultura universal como de los géneros que, desde esos mismos bloques culturales, le sirven de contrapartida. Esta sobrenaturaleza engendrada por la penetración de la imagen en la naturaleza, da fe de la inmanencia de un concepto de cultura mediante el cual se presenta a un hombre que alcanza semejante dimensión solo si ha llegado a ser otro, mediante la imposición transformadora de la imagen. Es decir, la alteridad que la imagen representa e impone como el camino a la meta cultural humana.

»La identidad dividida, resultante de ese proyecto de traspaso logocentrista, crea, en el plano de la sociedad civil, luchas de desgaste; en lo económico, genera quiebra de fronteras y parcelación de los presupuestos de desarrollo, así como dependencias explícitas; en la cultura, el logos se encargará de ir conformando un doble: la imagen, que será la figura mediante la cual el marginado burla los ideologemas de los centros de poder. Es, en realidad, el enfrentamiento traumático con un otro, capaz de destruir todo peligro de unidad y, a fin de cuentas, la imposición de la imagen, la búsqueda de la originalidad por el plurilingüismo genérico. Pero, de todas formas, la ruptura del código —la imagen narrativa abruptamente impuesta en el ensayo— crea un caos en la hermenéutica. Ello, desde luego, no lo expulsa de la condición genérica asumida para cada caso, sino que lo coloca en un mirador necesariamente exotópico, llamado a la incansable búsqueda identificatoria de la alteridad, al deber de conseguir la sobrenaturaleza a través del viaje iniciático y constante que la imagen impone.

»Y no se trata de separar tajantemente el logos de la imago, pues se hallan en una relación lo suficientemente directa como para que no estén a riesgo de una efectiva contaminación. De modo que también se reestructuran las actualizaciones del logos, en un constante sentido de supervivencia, en tanto las obsolescencias de la imago recurren a diferentes instrumentos de comunicación y percepción del universo circundante. La necesidad de hallar códigos comunes que faciliten la operatividad de la significación enfrenta la identidad del dominador con la identidad del dominado. El dominador se impone buscando una aculturación, pero el dominado no puede evitar su tradición, su arraigo auténtico, así que ante la imperiosidad de asimilar los códigos impuestos, los sincretiza. La cultura, además de en las metadescripciones, se automodela en los discursos específicos, como resultado esencial de los segmentos de intercambio que realizan los sujetos que la emplean y traslucen en la praxis natural sus estructuras. Estos sujetos no suelen operar en niveles metatextuales, sino en extensiones aprehensivas y, a partir de ese proceso operativo, en niveles metatextuales inmediatos, deícticos, cuya comprobación factual no tarde más que lo que la acción práctica prescribe.

»No obstante, para el carácter popular de las manifestaciones culturales es esencial el papel que juegan en el contexto comunicativo la incidencia de los dominados en el desarrollo de las condiciones normales de dominación, por cuanto influyen, desde la imago, en los procesos de legitimación del logos. Y, en este proceso, la expresión popular de la cultura se constituye en el ámbito de manifestación de la perspectiva dialéctica entre el logos y la imago. El nivel metadiscursivo se desempeña, por tanto, en un acercamiento permanente, presto a sacrificar cualquier establecimiento de categorías a favor de nutrir la función significante y en virtud de no perder nunca de vista las transformaciones discursivas.

»La imago produce un doble espacio, un espacio otro, imaginario, sobre el topos inmediato, y un tiempo único que se actualiza y que, por ello, viene desde el pasado, desde la historia y hasta ese mismo presente en que la imagen se actualiza. La codificación, por tanto, no será nunca un estrato, sino un mecanismo de asociación primaria capaz de conceder la germinación de una función semiótica. No es posible, entonces, la existencia de códigos como entidades, sino la aparición continua de maneras de codificación cuya movilidad les permite subsistir mediante la renovación y la reformulación siempre infinitas.

»Un evento ilocutorio en apariencia sin sentido, pongamos por caso, contiene, en su trasfondo al menos, algún constructo semántico capaz de hacerlo pertinente. Se trata de un procedimiento deconstructivo de continua circularidad que actúa cual condición para que todo acto de semiosis se produzca en virtud de un uso comunicativo. El sistema es un modelo móvil y de aplicación múltiple que, aun así, no abarca a plenitud el itinerario del conocimiento en el transcurso del proceso cultural. De ahí, que la noción de sistema en la cultura, también tenga, como en el caso del signo, un carácter permanente y permanentemente efímero. Aunque, a diferencia de la estructura que conforma al signo, su objetivo radica en la construcción de un metasistema capaz de distanciarse del sistema antes formado y de la formación sociocultural a la cual se vincula. Toda teoría debe ser, entonces, metacultural, puesto que surge dentro del metasistema inherente al proceso cultural, para adentrarse en el universo perceptivo cuyo conducto es el conocimiento dispuesto a nutrir la nueva tradición cognoscitiva. La correspondencia numérica entre objetivos y niveles no presupone una distribución isomórfica entre ellos; es decir, no se trata de que entre unos y otros se establezca una relación traslaticia de compartimentación escalonada.

»Así, cuando se logre que el signo, desde su condición mínima, trascienda al estatuto propio de la función significante, estaremos en condiciones de adquirir una permanente y permanentemente efímera concepción semiótica de la cultura, puesto que en el interior de sus sistemas se manejan conceptos, nociones y entidades muy heterogéneas que piden ser integradas a un mismo lenguaje y, muchas veces, a un mismo discurso. ¿Cuáles son, por tanto, los procedimientos que nos revelan la presencia y pertinencia del interpretante? Denotación, multiplicación, sustitución y connotación, los dos primeros en un grado simple y los segundos en un grado complejo, definen la presencia de ese imprescindible interpretante.

»Todo acto de significación, toda puesta en marcha de una serie de ejercicios semiósicos, contiene el recurso mediante el cual pide ser explicado. Cuando las normativas culturales dominantes imponen sus prácticas ideológicas concretas, las reglas de los dominados se metaforizan, empleando, instrumentalmente para sus objetivos, la parafernalia del dominador. Para el nivel axiomático, más que una necesidad, es una exigencia tomar en cuenta que en él se cierra el ciclo del sistema teórico y, además, que, ante la aparición de otro posterior, puede convertirse en un constructo globalizador o en un elemento nutricio de ese sentido emergente que lo suplantará. Si los delimitamos por niveles y compartimentamos su efecto, se convierten en paradigmas estáticos que, en el menor de los males, desorientan el avance del conocimiento científico e, incluso, de las percepciones empíricas que llevan a entender la cultura en su justa dimensión dialéctica. El nivel taxonómico recoge entonces el espectro de especialización del nivel metadiscursivo, para llevarlo a un proceso de interdependencia que permita probar tanto el carácter inagotable de sus procedimientos como la operatividad de los presupuestos desde los niveles más universales hasta las especificidades más estrictas.

»Toda tipología, por tanto, no debe ser más que un breve corte sincrónico en cualquiera de los niveles del metasistema. Esta percepción de inmanencia sistémica, que el estructuralismo llevó a extremos metafísicos, peligra sobre el nivel taxonómico, pues ella es parte de las conclusiones que se obtuvieron a partir de disecciones fundamentales para la investigación y el análisis cultural. De ahí que la aproximación sincrónica tampoco complete el método de análisis en la cultura y que muchos acercamientos no arriben a conclusiones profundas, permanentes, pues se limitan a indagar en sus bordes, es decir, en el nivel metadiscursivo. El signo, como estructura permanente, presenta un doble desplazamiento: simbólico, cuando la relación establecida por sus componentes internos privilegia los lazos de contigüidad, esto es, las figuraciones metonímicas, y, conceptual, cuando esa puesta en relación se fundamenta en figuraciones metafóricas, es decir, de semejanza. Esa circunstancialidad cultural se recompone, evolutivamente, mediante intertextos que, sobre la base de las inmediatas circunstancias de significación, reconstituyen los significados mismos para irse sistematizando.

»Todo signo exige, para su comprensión, una dinámica del receptor, aun cuando ésta se produzca sobre codificaciones más que establecidas desde el punto de vista del emisor, de ahí que el signo no solo conduzca a sus significados más o menos perceptibles, sino que también oriente hacia el procedimiento de semejanza estructural. Cualquier modificación en uno de los elementos que componen el signo, conduciría a modificar el signo mismo, pues, además de permanente, éste se constituye en una estructura permanentemente efímera. Corresponde a este nivel, entonces, poner en juego los procedimientos de desconstrucción, tanto de los acercamientos empíricos en los cuales se condensaba el sentido en la inmediatez perceptiva y la urgencia de un objeto de análisis del nivel aprehensivo, como de los discursos que forman el lenguaje total de la cultura y, asimismo, los discursos y metadiscursos que brotan en los lenguajes específicos de los diversos sistemas culturales.

»Al pasar al nivel metadiscursivo, el punto de mira se centra en los fenómenos sincrónicos, pues el relativo grado de unidad con que ellos se presentan facilita la aproximación analítica. De ahí que el fluir constante entre los conceptos que se conforman en el nivel sintagmático y los que dependen de la paradigmática obligue a permanentes relaciones, a una dinámica que impide el aislamiento y que, por ello mismo, pone en riesgo toda elección analítica, por necesaria que pueda parecernos, que pretenda detenerse únicamente en lo diacrónico o en lo sincrónico. Con una actitud estructural, y en el propio método que a partir de ella se conforma, es posible incorporar el método histórico como un importante componente de su interacción dialéctica, para vincularlo, en el proceso de los macroniveles, a aquello que como universal es convencionalmente percibido. La percepción de los microniveles, por su parte, puede ser asociada al espectro de lo que percibimos bajo cortes de más específico acercamiento, en sus ramificaciones casuísticas.

»Si en el nivel aprehensivo entraban en juego una serie de paradigmas ya cristalizados por el conocimiento, con el objetivo de ser reordenados en una exposición sintagmática, en el nivel metadiscursivo es preciso acercarse a una construcción sintagmática para determinar los paradigmas en que ella se sostiene. Para que se inserten transformaciones en el interior de una tradición cualquiera, es necesario que esas series de señales del sistema semántico pertinentes en el receptor, saturadas bajo el efecto de la representación reiterativa, pierdan su espesor de sentido y se conviertan en un dispositivo más del sistema sintáctico. Así, el metadiscurso se abandona a su separación, a empeños analíticos que, en su extrema defensa de ciertos paradigmas, arriesgan la relatividad de los preceptos.

»Una aprehensión adecuada del suceso cultural debe facilitar que el punto de partida de la metadiscursividad no se sature en sí mismo, para que permita a la investigación, al análisis, el salto necesario de su estancia hasta el nivel próximo: el taxonómico. El ejercicio constante de autodefinición, acumulando segmentos informacionales, cortes sincrónicos parciales y operaciones metadiscursivas, se introduce en el proceso histórico vivo para disponer, tras la sintaxis de su dialéctica elemental, ya sea en la relación contaminante con el otro, ya en la propia autonegación parcial, una continuidad del discurrir paradigmático».

LECHADA Y CUENTA NUEVA SOBRE LEZAMA

Como decíamos ayer, mucha gente hubiera preferido que el epitafio de José Lezama Lima terminara de este modo: ... *ya que nacer aquí es una fiesta innombrable*, en lugar del original: ... *ya que nacer es aquí una fiesta innombrable*.

Pero más que citar mal, o reescribir a su antojo, la cultura oficial cubana usa un procedimiento más eficaz para apoderarse de las leyendas: el convertirlas en lugar común. Y ya sabemos que el enemigo de Martí, al igual que le ocurre al poeta de Trocadero, ha sido el cansancio. ¿Citas y cansancio clásico? ¿Podría convertirse el autor de *Paradiso* en un nuevo almacén de frases para la progresía insular?

El centenario de Lezama les sirvió para hacerlo accesible a los turistas, a los renovadores de ruinas, a la masa pioneril y al propio Partido. Casa museo con pintura fresca, reediciones, conferencias.

Pero les quedaba por resolver el problema del epitafio. Ciertas personas insistían en la gran diferencia que existe entre *nacer aquí* y *nacer es aquí*. Una tumba atravesada y un verso que honraba el suceso, no el lugar. Faltaba la frase que resolviera la cubanía del poeta, y respiraron aliviados al encontrarla:

> *No he oficiado nunca en los altares del odio, he creído siempre que Dios, lo bello y el amanecer pueden unir a los hombres. Por eso trabajé en mi patria, por eso hice poesía.*

Esperaron pacientes, porque sabían que el centenario era el mejor pretexto para la sustitución. Con el mismo descaro que esculpieron a Martí rescatando a su hijo de la bestia del Norte, resaltaban esos *altares del odio*. Ya sabemos: la violencia del exilio, la guerra mediática, el acoso del Imperio. Trabajar en la patria, nunca abandonarla a su suerte. El epitafio ha dejado de ser un problema.

Es sintomático, que de todas las frases que recuerda Fernández Retamar de su amigo con tumba retocada, su preferida sea: *A mí no me agarrarán entonces en mi casa, sino que tendrán que cazarme por los tejados de La Habana, donde estaré con mi forifai en la mano*. Un Lezama que defiende su centro de trabajo: la Patria, y que sería capaz de esgrimir el revólver si fuera necesario. Por suerte, esa vez no la garabatearon sobre sus restos. Pero nada es seguro en nuestra querida Barataria.

Limpiar tumbas es un oficio honroso. Pero los funcionarios culturales han usado la lechada y la reescritura para encubrir su nerviosismo, su insuficiencia intelectual. Y de paso, congraciarse con los uniformados. Los escritores, por su propio bien, deberían tomar cartas en el asunto, porque si al Gordo citan de una manera tan tendenciosa, ¿qué inscribirán en las lápidas de Pablo Armando Fernández y Miguel Barnet, si es que alguien decide enterrarlos?

De poder escoger un epitafio que describa con fidelidad al Lezama del centenario, yo escogería estos versos suyos:

> *Tropieza con una multitud*
> *que escandaliza su nombre,*
> *aunque él apenas lo oye.*

LIBROS x LECHE CONDENSADA: UN MUESTRARIO

Conseguí (verbo clave en Cuba) Tres tristes tigres cambiando el libro por tres latas de leche condensada, mi cuota mensual de la libreta de abastecimiento...[Zoé Valdés].

🐌

Así, hace unos 30 años, la escritora Zoé Valdés consiguió la novela Tres tristes tigres *a cambio de tres latas de leche condensada, su cuota mensual de la libreta de abastecimiento.* [Frank-Christian Hansel].

🐌

Con el pasar del tiempo, se dice que las obras de Cabrera Infante llegaron a valer en el mercado negro (clandestino) cubano, hasta tres latas de leche condensada. [Ernesto Bravo Bauzat].

❦

Él recordaba con frecuencia que en La Habana cambiaban su novela más famosa por tres latas de leche condensada… [Juan Cruz].

❦

P: ¿Cuánto cuesta hoy Tres tristes tigres *en La Habana? R: Me lo han dicho. Me han hablado de tres latas de leche condensada.* [De una entrevista a Guillermo Cabrera Infante].

❦

Es conocido el caso del trueque de los libros de autores como Guillermo Cabrera Infante por —a modo de ejemplo— botes de leche condensada en la mayor de las Antillas. [Ignacio Peyró].

❦

—Es más —expresó—, cuando la revolución comenzó a ponerse fea y llegaron las prohibiciones de autores 'desafectos', podía darme el lujo de cambiar, de forma clandestina, una lata de leche condensada por Tres Tristes Tigres, *de Cabrera Infante, o una de carne rusa por* Doctor Zhivago, *de Boris Pasternak.* [Víctor Manuel Domínguez].

❦

Pero peor llevó que en Cuba no se le pudiera, ni siquiera, leer Tres tristes tigres, *por ejemplo, que en el mercado fraudulento se podía cambiar por dos o tres latas de leche condensada. (…) …un libro que entonces ya estaba prohibido en Cuba, y que aún sigue allí siendo materia de intercambio con la leche condensada.* [Juan Cruz].

※

P: *Apartemos el humo. Hace tiempo* Tres tristes tigres *costaba en La Habana tres latas de leche condensada. ¿Sabe si ha subido su cotización?*
R: *Llegó a cambiarse por diez latas a fines de los noventa.* [De una entrevista a Guillermo Cabrera Infante].

※

Las noticias que tenía eran de gente que compraba mis libros, por ejemplo La Habana para un infante difunto, *a cambio de diez latas de leche condensada.* [Guillermo Cabrera Infante].

※

Otros cambiaron Tres tristes tigres *por una camisa, dieron seis latas de leche condensada por* Arcadia todas las noches *o un reloj despertador por* Vidas para leerlas. [Raúl Rivero].

※

En medio de las mayores penurias materiales la gente cambiaba los estrujados ejemplares de Así en la paz como en la guerra, *por unas latas de leche condensada…* [Blog anónimo].

❧

Por otra parte he contribuido no poco a la bolsa negra cubana. Según un escritor inglés que visitó La Habana el año pasado mis libros eran objeto de un culto extraño entre las ruinas. Pasados de contrabando se vendían a estraperlo por el precio de ¡diez latas de leche condensada! [Guillermo Cabrera Infante].

❧

La alta cotización de los libros de Guillermo Cabrera Infante en el mercado negro cubano —en doce latas de leche condensada, por ejemplo— hace de la literatura el cuerpo más apetitoso. [Valentí Puig].

❧

… además de su inmenso valor literario, histórico, musical, sentimental y civil el libro es dentro de Cuba un valor de cambio del más alto y carismático mercurio en el mercado de la vida cotidiana. Un ejemplar de La Habana… de Cabrera puede resolver la supervivencia física de una familia habanera durante una semana: leche condensada, aceite, carne de pollo, huevos, viandas de todo género, pasta de dientes, ropa, luz brillante. Todo sirve para ser intercambiado en la bolsa negra por un fulgurante ejemplar de La Habana… de Cabrera. [J. J. Armas Marcelo].

ATERRIZAJE CON LIBRO DE ELVIA ROSA CASTRO

En alguna de aquellas lecturas iniciáticas, —manuales, diccionarios, biografías— donde yo buscaba entender los credos sin tener que lidiar con los tratados originales, un conferencista hacía notar que el filósofo no se comportaba como tal en todo momento. O sea, cuando el filósofo visita el lavatorio o pide a su criada un vaso de leche tibia, es uno de nosotros. Esa aclaración me desmontaba, de cierta manera, la idea adquirida en las «Vidas...» de Diógenes Laercio y otros libros de igual pretensión, de que cuando el sabio y el genio se apartan de la pluma o la cátedra suelen dejarnos poses sublimes, anécdotas memorables y conversaciones trascendentes. (Alguien dijo alguna vez que Lezama era un poeta coloquial porque escribía como hablaba). Sin embargo, fueron los cínicos quienes por primera vez inclinaron la balanza hacia la conducta y la representación, quitándole el peso al sofisma y la deducción. El cinismo, que originalmente era impudicia y abandono del precepto social, no podía centrarse en su propia univocidad, puesto que necesitaba un referente, y a la vez un énfasis gestual. Traduciendo un poco: lo mismo pudiera decirse de un pacificador que precisa de guerras para justificar su valía. Y lo peor: que secretamente las desee. Más sencillo aún, trasladado al lenguaje de redes sociales, el único que muchos entienden por estos días: «Si alardeas de ser virtuoso, ya dejas de serlo».

No sé si viene al caso, pero he visto ese mismo énfasis en una zona reciente de la literatura cubana que pretende revisar los códigos formales y conceptuales; escritores que ansían cambiar el Mapa, pero que duermen y sueñan con el Mapa, que lo despliegan sobre sus escritorios y lo zarandean con sospechosa insistencia. Veo también la actitud primando sobre la escritura, el rompimiento dictado por el envanecimiento, y sobre todo: el afán performático. Ahora mismo usted finge colgarse de un árbol, provocando un operativo policial y la alarma de toda la comarca, y termina siendo antologado en una muestra de poesía neovanguardista. Usted, aparentemente, ha dado vida a la imagen. Más que el énfasis sobre la palabra, el énfasis sobre todo aquello que la circunda y la reta. Este dato, que no sé si tenga que ver con nuestra apropiación del cinismo, me ayuda a comprender la disposición que tienen algunos intelectuales cubanos a suscribir prácticas grupales, como por contagio, y a evitar una retórica para terminar fundando otra. Más que inconformismo, proclividad al mimetismo. Así, cuando leí *Aterrizaje. Después de la crítica de la razón cínica*, de Elvia Rosa Castro, pude sistematizar algún que otro recelo, como el que acabo de exponer. Este libro recorre el cinismo, desde su signo original de renuncia, pasando por sus derivaciones modernas, ya sean la mordacidad o el simulacro, y lo descubre como sustancia inherente a nuestra historia y nuestro canon. Aquí mismo, entre nosotros, laborioso y decidor.

Leer a Elvia Rosa Castro puede ser un ejercicio de reformulación estilística, y una invitación a reajustar nuestra perspectiva ante la escritura. Lo primero, porque su caso de ensayista se basa en haber dado con un Tono, proeza mayor en un género donde puede bastar el argumento para justificar fallos de estilo, y viceversa: el estilo salvando la pobreza de argumentos. A Elvia Rosa le saltan el rigor, la astucia y el poder de argumentación en un discurso armado con hilaridad y franqueza. Leerla es imaginarla como interlocutora en una antesala, en cualquier sitio común, dispuesta a rematarnos con una dosis de sabiduría callejera, algún neologismo expresivo, una apostilla coloquial. Si alguien duda de que exista la marca Elvia Rosa, en este libro hay pruebas suficientes. Y lo segundo, porque desborda una seguridad en sí misma, que bien pudiera desarmar al más inspirado escribiente, uno de aquellos que dependen meramente de inspiración y retórica, que no saben qué han dicho, traspasados por un lampo sobrenatural. Y es esa seguridad en sí misma la que guía el trazado de esta muchacha, lo que la hace escribir bien. ¿Qué quedará del pobre deudor de musas, si el efecto y la marca Elvia Rosa se propagan? ¿Quién tomará dictado y verterá exquisitez formal?

Aterrizaje… repasa las particularidades del cinismo cubano (¿virtud, necesidad?), y se detiene en el momento sublimado (en el embrollo aparentemente fundacional) de *Espejo de Paciencia*, donde el propio adjetivo delata nuestra temprana vocación de apatía e inercia. Luego vendrían las manifestaciones del diagnóstico, ya fuese en la colonia, en la República, en nuestro devenir como nación: silencios, martirologios, evasiones, máscaras: todo subrepticiamente permeado por ese virtuosismo en que hemos logrado aventajar a no pocos: la Simulación.

(*Elvia Rosa Castro:* Aterrizaje. Después de la crítica de la razón cínica. *Ediciones Luminaria, Sancti Spíritus, 2012).*

NUEVAS APLICACIONES DE LA HEREJÍA INSULAR

No ha de ser la primera vez que a la Historia tiran de su peplo, de la misma manera que a una mujer virtuosa desvelan de imprevisto, a pleno sol. Y de ese gesto que sigue, automático y pudoroso, se ceban los que le transcribirán como alegoría de lo insospechado, materia creable que los *poietai* sabrán traducir para que sirva de reflejo o contrapartida a lo aparentemente fidedigno. Dos escritores cubanos agregan una manera diferente a ese desvelamiento. Lo hacen con libro cabal, esférico en su pulida compacidad, donde no cabe más equidistancia y no sobra exposición. *Leve historia de Cuba* es un libro que ensancha la grieta especulativa de lo que nunca ocurrió, de lo que pudo ser, y de lo que intuimos que pasó y no nos comunicaron. Si la vida es un tejido caprichoso de encrucijadas, y si repensamos cada una de las opciones que se dejaron atrás, entenderemos que semejante ejercicio sólo puede conducir a la locura. Si en vez de tomar el camino A, hubiésemos elegido el B ¿qué se tendría hoy? Así como hemos decidido petrificar nuestra heredad y referirla a quienes nos sucedan, viene este libro a emborronar nuestros infolios, como si nos advirtiera: siempre han de faltar versiones alternas, osadas, menos convenientes.

Un libro de tal naturaleza abre sendas que echan a perder la hacienda patrimonial, pues la literatura y la historia cubanas son concebidas como asentamientos intocables donde la única avidez es perfeccionar, nunca socavar. Enrique del Risco y Francisco García se encargan de matizar la serie de grabados que han prevalecido (que nos han exhibido desde la niñez, a manera de diapositivas) como trama oficial. No nos extrañe pensarla así: nuestros anales ostentan la placidez de esas viñetas que ilustran los libros sagrados; sus celadores han conseguido, hasta ahora, mantener su imperturbabilidad.

Además de proveer el matiz faltante, *Leve historia de Cuba* es el gran relato de los papeles secundarios. Es la perspectiva de quienes sirvieron de relleno en las fotografías del prócer, de quienes se habían marchado unos minutos antes o no alcanzaron a llegar. Uno comienza a creerlo, que se puede redactar una cronología que no incluya a los Innombrables. ¿Y habrá mejor historia que esa? Cierto es que se incurriría en el mismo desequilibrio que se pretende combatir, pero vale como metáfora de lo alternativo, ganado por fin.

El abundante uso de citas, lúdicro siempre, sirve de apoyo inicial a lo que deviene proyección inusitada. Se revisita así, entre otros propósitos, la retórica ingenua de los historiadores tradicionales. A falta de índice y bibliografía, tenemos cronología de hechos y sus desprendimientos, ahora rescatados en su verdadera dimensión.

Leyendo, releyendo los pasajes herejes de este nuevo breviario no dejo de pensar en el *Paraíso perdido* de

Milton, en el misterioso Fernández de Avellaneda, en el desafiante James Macpherson. Pienso en los reversos del bien aparente, en la continuidad de los ciclos truncos, en el diálogo del presente con el pasado. Pienso en las puertas que abre este libro y en su responsabilidad como punto de referencia a partir de hoy.

Ni por un momento he creído que estaba en presencia de «ficciones humorísticas». Una vez rebasada la impresión de la carátula (yo hubiera preferido un mapa manipulado o una engañosa severidad de manual; y es que el abigarramiento del diseño desvirtúa la gracia del cuadro de Armando Tejuca) me tomé la lectura muy en serio, consciente de que había entrado en zona de riesgo: la aparente levedad sería el pretexto de los autores para desatar los encerados nudos de lo histórico. El perfecto encajamiento de las piezas, su eficacia narrativa, lo novedoso de cada enfoque hace pensar que los autores hicieron labor purgatoria hasta dar con el ritmo que perseguían. Esté en lo cierto o no, ha sido sin esfuerzo que decidí lanzar otra aserción: al libro no le sobran piezas. Y si bien es difícil apartar ejemplos para ilustrar su linaje, podemos volver a *Cadenas de libertad*, donde poder real y altivez estética interactúan, llegando a confundirse; será inevitable usar *Waycross, 1894* como ejemplo de intromisión anónima (anodina) en el sendero del Ungido, la figura del doble (¿el «tercero» de Eliot?) que viene a insinuarnos un espejo inoportuno.

De todos los relatos, hay uno que tendré que seguir releyendo, como paliativo o suplemento, o como lo que sea. No será el magnífico collage *Cantar de gesta*, o los vívidos *Compañeros son los bueyes* y *Carnaval*. Tendrá que ser *Un día mortal*, esa pequeña obra maestra que recoge la experiencia de cada cubano nacido bajo el signo de lo conmensurable. Es un relato triste, casi metafísico, que nos describe el ayer como premio y castigo a la vez: la felicidad hecha círculo irrepetible, figura de calidoscopio que no volverá a formarse. El arqueólogo conoce bien el material precioso que salva; el poeta no se detiene a reparar en figuras inútiles. El gran Relato cambia según se dé vuelta al mecanismo, como circunferencia luminosa que refleja posibilidades infinitas.

¿No será ese el modo en que debiera escribirse la Historia?

(Enrique del Risco y Francisco García: Leve historia de Cuba. *Pureplay Press, Los Angeles, 2007).*

SOBRE LA UTILIDAD DE LOS PUNTOS DE FUERZA: LA POESÍA DE SONIA DÍAZ CORRALES

Después de la eclosión de los términos, llegado otro ciclo, se vuelve a la serenidad de la denominación, agotados los foros y los enfoques de una crítica desnortada. Así hablamos de divisiones generacionales, que en Cuba y su dispersión auxilian con facilidad a quienes pretendan trazar un mapa de poesía contemporánea. Se mide todo con esa regla generacional, y también se arman antologías temáticas, genéricas; se apoyan en criterios donde va bullendo desde el fondo un matiz político, un trazado estético, una actitud de manifiesto que se redacta contra la casta anterior o la retórica vigente. De modo que se ha producido un entrecruzamiento tan vivaz como profuso donde nadie mira al poeta en sí, sino al sujeto en su sentido de pertenencia, en su calidad de pieza intercambiable, en sus virtudes como punto de fuerza de alguna tesis. Por ejemplo, a la llamada Generación del Ochenta se le enumeran, como a todas, virtudes y vicios que terminan enturbiando a cada individualidad, como una herencia que pesa en la sangre; y si tomáramos de unos y otros, que a veces pueden ser ambivalentes e intercambiables, quedarían de tal suerte: prurito verbal y conceptual; excelencia formal y regreso a las formas tradicionales; deudas visibles (Orígenes y cierta zona de su resaca); un diapasón tan amplio que acoge desde las serenidades más convenientes, pasando por el verso abigarrado y desbordante, hasta las crispaciones más insólitas y neovanguardistas; asimismo una devoción por ciertos autores (y su rescate) injustamente devaluados por políticas culturales. Pero habría que agregar otra virtud/vicio: la dependencia emocional de un país que se sigue esfumando.

Por más que se ha tratado de descalificar tal dependencia, esas llamadas generaciones se han sometido de diversas maneras: refundaciones teleológicas, la escritura de responsabilidad social, el verbo como alternativa a una realidad plana y fatigosa, la negación de nociones telúricas y circulares, el sacrificio del lenguaje en aras del concepto cuando se pretende negarlo todo... Los del Ochenta, retados por tónicas «coloquiales» y comprometidas, tuvieron que sortear otra prueba decisiva: su relación con el Poder. Más que quienes les antecedieron, que terminaron plegándose *en masse* a toda directriz, vieron cómo las escisiones hubieron de definirles. Y sus carreras fueron coronadas por uno de estos emblemas: exilio, insilio u oportunismo. Pero como todo aserto tiene sus excepciones, pienso que el enfoque generacional se desvanece cuando damos con esos ejemplos que lo desvirtúan y cuando comprobamos que es posible desasirse de los tres, siguiendo la línea ascendente de una carrera, de un destino cumplido en la poesía.

Pienso en ese curioso vocablo: «inalterable» para pensar en la escritura de Sonia Díaz Corrales, desde aquellos días en que sobresalir no significaba ser efectista ni regodearse en un tono que no se apartara del Tono, y luego permanecer como marca obligada en una literatura cada vez más dispersa. Inalterable pese a los caprichos de la balanza; inalterable pese al ojo del Poder que observaba siempre, listo para premiar el mimetismo o enmendar su carencia; inmutable ante el escenario natural y el paisaje de los otros… Si tuviera que imaginar un asta que sobrevive a los designios de la naturaleza, un punto de fuerza que impide al mapa flotar y perderse, usaría el referente de su extraña resistencia. En una época en que la poesía se atenuaba en el pretexto del libro, en esa concreción artificiosa que podía ser un cuaderno, Sonia se valía del poema como unidad y justificación en sí. Eso explicaría con el tiempo su manera de ser visible, en colecciones, revistas y antologías más que en libros propios. El efecto de un poema como «Ya más nunca mágica», su firmeza entre tanto espejismo retórico, vale tanto o más que un cuaderno típico de aquellos años.

Y es que la unicidad no se nutre del esfuerzo cuando tratamos de poesía. Se habla de generaciones y corrientes para comprender que, por suerte, Sonia Díaz Corrales no exhibe sello de nada. Su obra pudiera participar de una expresión directa y conversada, pero su latir, su pulso nos lleva por el camino del donaire: el lenguaje que revela su otro fondo expresivo. Pudiera entreverse un dejo de melancolía, de amargura, pero no es tal, sino un peculiar desamparo que se contiene en la serenidad, en la confianza con que enuncia, y que es su mejor asidero. Pudiera atisbarse algo de esa temida femineidad, pero su sentimiento atraviesa el núcleo de la ilusión humana, cuando se rompe, sin demarcaciones de género. Desde su segundo libro, «Diario del grumete», Sonia fue capaz de esbozar una épica del viaje y el aprendizaje, y componerla con trozos de esmerado lirismo, augurando el naufragio y exilio que no tardaría en sobrevenir. Aquí no podremos anotar lenguaje adusto o ironía expresa, pues su verso es una mezcla singular de gracia y oficio. Sonia sabe convocar efectos y fluidez, llevar las cadencias hasta el término que desea, y sabe dar sentido a cualquier letanía que procure adicionar para su causa. Casi una paradoja, le ha dado cauce a la súplica dentro de la dignidad, al desgarramiento dentro de la resignación, y ha mirado a la pérdida como otro sacramento que encausa la palabra, para redimir a quien ya no busca ni pregunta.

De ahí el argumento inicial, pues nada seduce o desvía a la línea que insiste en su trazado, el punto de fuerza que se sostiene sobre el caos, por gracia de su centro que irradia con energía propia. Es como decir que allí el viento no erosiona la tierra; es como decir que Sonia Díaz Corrales sigue imperturbable, y no cede su sitio.

CARTA RESEÑA: R.U.Y.

Leerse un libro en los *lunch breaks* contiene su riesgo, y no porque el placer se difumine hacia uno u otro campo (aquí lo nutritivo es otra bifurcación), sino porque no sabemos sostener una continuidad creíble, que de veras sea aprovechable. Pero yo mismo he sabido convertir el Interruptus en Continuum, sin tanto esfuerzo, gracias al oficio de esos amigos cuyos libros ocupan mi tiempo. Así, *R.U.Y.* terminó por adaptarse a este apetito tantálico, y en cambio le garanticé fidelidad y avidez para no regresar en falso, y seguir la línea, sin el acostumbrado zigzag de mal lector. La impresión final: has logrado dejarme una entonación, casi audible, en alguna recámara del inconsciente. El personaje sigue hablando, contando, ya guardado el libro; sigue atacando mi pudor, ese que me haría cobarde a la hora de pedir o rendir cuentas, en la callejuela oscura o en el foro. Su voz me sigue retando, es imperiosa en tanto nos revela sus propias debilidades. Sendo personaje que sabe aprovechar el miedo, atravesarlo y sentirlo latir aún, gane o pierda. ¿Tú sabes cuánta gente pudiera meterse en esa piel curtida y en esa cabeza testaruda que tan fielmente retratas? ¿En ese grupo de amigos, en la tanta complicidad que les convierte en «grupúsculo», palabra cara a nuestro Nerón insular? He leído *R.U.Y.*, te aclaro, con un montón de dudas. Y es que uno debe cuidarse de la narrativa cubana, tan efervescente y dispuesta a dar explicaciones innecesarias… Uno se hace cómplice, tú sabes, por cercanía. De modo que traté de borrar al César articulista, siempre certero y limpio, y me ubiqué en un plano escéptico, por decirlo así, listo para reprobar y seguir de largo, hasta dar con la razón del libro, sus motivos. Y creo que he encontrado una noción dominante: tu novela logra apartarse del guión invisible del que nos servimos los intelectuales, una especie de lástima que pretendemos propagar para sentirnos útiles. Quizás estoy exagerando, y pudiera sustituir «lástima» por «traumas existenciales» o algo por el estilo. *R.U.Y.* tiene que ver más con nuestra generación, donde destreza e inteligencia compiten en igualdad de condiciones. Fuimos la materia donde se ensayó el experimento social que arruinó el laboratorio. Nos quedó el código a medio descifrar: valentía y sabiduría tienen el mismo peso. Hemos tratado de describirlo con mucha alegoría e ingenio, poemas y cuentos, ensayos exquisitos, agudezas, apuntes de bitácora para una antología que trascienda, pero tu novela sabe imantar las partículas que faltan, lo que pensábamos luego de escribir, eso que no pudimos recoger para completar el retrato de grupo. Me atrevo a objetarle mi angustia, luego de verte eliminar al viejo Hurtado, de sentir algo de vacío durante un buen trecho. Nadé en círculos, con la esperanza de que el personaje retornara, pero bien muerto estaba. Recordé la anécdota de Dumas llorando inconsolable, y su explicación terrible: «Acabo de matar a Portos». Y es que para el asunto de los Rolex se precisaría otra novela, densa y esotérica, tanto más pudiera desprenderse de semejante personaje. Doy testimonio de esa orfandad, pero te aclaro que es un capricho personal, y no más. ¿Y si alguna vez se calibrara una segunda edición? Algo de poda, quizás, para silenciar al crítico usual. Pero guardé el libro casi aliviado, porque el Ruy se sale de esas páginas y uno le coge hasta miedo. Así de palpitante lo retrataste. En serio, al cerrar el libro me quedaba el sabor de la sal: diáspora, dispersión, lo que fuimos, lo que perdimos, jugar por jugar, nadar y ahogarse, escaparse, aulas, forros, embarajes, la peste, el aguaje. Cojones, el sabor de la sal y el olor ese de isla que no se nos quita...

(César Reynel Aguilera: R.U.Y. *Alexandria Library, 2007).*

MEMORIA=IMAGINACIÓN

Siempre nos quedará Madrid, libro de memorias de Enrique del Risco, reúne tres condiciones aparentemente provechosas, pero que suelen ser una receta para el desastre, si se combinan: emigrante, cubano y escritor. Quizás no sea lo usual, pero yo comenzaría con otro libro de Enrique del Risco (escrito a dos manos con Francisco García): *Leve historia de Cuba*. De cierta manera, *Leve historia...* es uno de los protagonistas de *Siempre nos quedará Madrid*. Se trata del manuscrito traído de la isla, que lo acompaña en cada mudanza y peripecia, enviado a concursos y editoriales una y otra vez, sin éxito alguno. Cuando lo leí entonces, me llamó en particular la atención un relato titulado *Un día mortal*, sobre todo por el dejo metafísico de lo irrepetible y la descripción minuciosa de un día en su vida que fue particularmente feliz. (Paradójicamente, un día en que, además, muchos habaneros creyeron encontrar una brecha al muro de la opresión: el 5 de agosto de 1994). Aquel relato (que creo netamente autobiográfico) también me hizo decir: «Si de alguien me gustaría leer memorias, ese alguien sería Enrique del Risco». Y lo hubiera preferido por varias razones: su ingenio, su exquisito sentido del humor, su prosa incisiva y segura de sí, y en particular porque su vida habanera tuvo que ostentar muchos ribetes tragicómicos. Recuérdese que su último trabajo en Cuba fue como historiador del Cementerio de Colón. (Yo le he rogado que escriba esas memorias). Sabemos de sus proyectos (con Armando Tejuca) para homenajear al Bobo de Abela, frustrados por la Seguridad del Estado y funcionarios adyacentes. Recuérdese además que se le atribuye aquella frase memorable que prefiguraría sus tesis sobre la levedad: «La materia ni se crea ni se destruye: se conquista con el filo del machete». Al menos yo me resistía a la idea de que un transgresor como Enrique hubiera tenido una vida anodina, en aquel tiempo, bajo aquellas circunstancias.

Enrique del Risco, si bien es conocido y reconocido por sus escritos donde predomina el humor, y últimamente por su ideología «vertical» (le han aplicado ese mismo adjetivo), tiene a su vez el mérito de indagar sin reservas en las fisuras del relato nacional, el que nos vendieron ayer y nos venden ahora mismo: desde las enconadas conferencias de Pedro Santacilia hasta los tratados de apologética revolucionaria firmados por gente como Rolando Rodríguez. Aunque uno se niegue a admitirlo, nuestro álbum nacionalista es rico en apariencias, historias soterradas, hipérboles, dobles filos, secuencias ridículas, balbuceos, zonas encubiertas por el recato y la ignorancia, personajes sobrevalorados... Libros como *Leve historia de Cuba* y *Elogio de la levedad* abren el camino a esa mirada cínica (si no podemos ser imparciales, el cinismo servirá para contrarrestar tanta solemnidad) que nos sigue faltando a la hora de pormenorizar nuestros privilegios y nuestras miserias.

Sabemos que el *memoir* no abunda en la literatura cubana. Algunos ejemplos parecieran desmentirnos: *Los años de Orígenes*, de Lorenzo García Vega; *Antes que anochezca*, de Reinaldo Arenas; *La mala memoria*, de Heberto Padilla; *La vida tal cual*, de Piñera. Pero creemos que en nuestro caso específico, donde la realidad parece destronar a cualquier ficción o materia ficticia, el mero inventario de una existencia marcada por el Desastre tendría igual o más suficiencia literaria. Si usted quisiera degustar las disímiles variantes del absurdo, o constatar las asociaciones más increíbles, o apuntar situaciones límites, consulte a un cronista cubano. ¿Dónde florece mejor el chiste involuntario, el chiste innato, sino en un sitio custodiado por figurantes y militantes lobotomizados? Y la mejor pregunta de todas: ¿Qué exiliado cubano no carga una historia alucinante: dramaturgia de evasión, apetito geográfico, atrezzo surrealista, rutas de escape desaconsejables, travesías azarosas, oficios inenarrables?

Siempre nos quedará Madrid no se limita a la experiencia de un itinerario, ni de una vida ensalzada por gracia de un cambio de latitud. Si alguien tratara de idear una preceptiva del relato autobiográfico, ¿bastaría el estilo o la supuesta grandeza de una vida para validarlo? Si ahora mismo, por ejemplo, yo tratara de escribir mis memorias, estoy seguro que algunas zonas del pudor y la estilística me harían alterar (retocar) la realidad. Más que una prosa eficiente o una vida inusual, nuestro mayor reto sigue siendo la franqueza a la hora de confesarnos. Del Risco logra algo muy singular: nos deja con la impresión de un recuento descarnado, y de paso ha logrado que leamos de corrido, atentos a su relación, y con la sonrisa a flor de labios a pesar de que ciertos pasajes no son precisamente idílicos. De todas las ganancias posibles, de su lectura, quisiera quedarme con dos en particular. La primera: la descripción del acecho constante de ese mundo paralelo que alguna vez rechazamos en favor del otro, el que desandamos hoy. Nuestra vida se compone de renuncias, de encrucijadas a cada paso; nos decidimos por un camino, por una puerta, y siempre quedamos con la duda: ¿qué habría sucedido, de haber elegido la otra opción? La segunda ganancia: poder constatar que seguimos siendo un clan maldito, el escritor como carga pública, como inconveniente en esta etapa de la civilización en que el contrato social exige aún más aprender a convivir con el Otro, a trabajar con [para] el Otro, a no herir la sensibilidad del Otro, a mostrar sentido práctico, a simular una sintonía doméstica, a dominar el lenguaje y los instrumentos de supervivencia...

Si en sus libros anteriores, Enrique del Risco había socavado parte de la estructura retórica del templo nacionalista, así como su empecinada hagiografía, esta vez se lo tomado de manera personal, saliendo al ruedo, allí donde sobran las indulgencias, al foro desierto y ruinoso que alguna vez fue una Isla.

(*Enrique del Risco:* Siempre nos quedará Madrid. *Sudaquia Group, 2012*).

CUANDO NO QUEDEN ARCHIVOS POR DESEMPOLVAR

Cada quien guarda sus iniciaciones con cierto celo, temeroso de que le descubran como lo que no es hoy, como el novicio que avanzaba a tientas y decía menos con más. Una cosa es el aprendizaje, y otra el despertar al albor, cegado por la luz. Para quienes no supieron abrir los ojos a tiempo, el pasado es un álbum custodiado por velos y cadenas, convenientemente inaccesible. Se ha de vigilar la puerta del desván, para que esas páginas no se conviertan en la prueba que revele la miseria del período discipular.

Recuerdo mis primeros escritos, cuyo único empeño consistía en reclamar deferencias. ¿Y qué otra fórmula podía ser mejor que la de nombrar al Innombrable? La tesis propuesta: mención del Sujeto sin que parezca una salida de tono. Y allí estaba, resaltando en una lista de querencias, la solución al pie forzado que era inventar un contexto natural: Fidel Castro en un verso.

Ningún pecado de adolescencia me quita el sueño. Escritos sin estilo, altisonantes, falsos. Eso es todo. Nunca una delación, ni una firma de condena, ni un informe. Las adhesiones oficiales (esas que nos encontraban entre dos fuegos, las involuntarias: pertenecer a tal federación y a tal unión) cesaron tan pronto salí de la adolescencia. Por eso no le tengo miedo a los archivos.

Es el signo de esta época. Comienzan a desempolvarse los gruesos tomos que guardaban las listas. En una se pedían ejecuciones sumarias, en otra se apoyaba la causa de turno. Los hallazgos no son tan chocantes, si bien nos hemos acostumbrado a ese tipo de revelaciones: unas veces hicimos de víctimas, otras de testigos. Curiosos artículos donde primaba el ensañamiento sobre la desavenencia. Transcripciones aparentemente sacadas de una antología del absurdo. Desenmascaramientos, vergüenzas de closet, bajezas inenarrables.

La sed de Prehistoria que hoy nos embarga es una variante más de la reprimida curiosidad, alimentada por ese sistema que tantas redenciones nos ha pospuesto. Y refleja lo inconsistente de las posturas políticas que allí tradicionalmente se han forjado. Releer los nombres de las listas es un buen mecanismo para ilustrar los sucesivos desencantos: ayer aplaudían y firmaban; hoy reniegan con vehemencia de sus viejos credos. Por suerte, son pocos los que tienen buenas razones para insistir en la quema de archivos. Son ellos los que hablan de un velo piadoso.

Hemos experimentado dos maneras de vaciar los baúles: aquí en el exilio se han creado espacios para desenmascarar, sin que de ello se esperen consecuencias. Allá en la isla se proponen otro objetivo, el mismo de siempre: defender su «ilustrada» dictadura. Tanta es la torpeza de los medios oficialistas, que pretenden desvirtuar a los renegados mostrando secuencias fotográficas y echándoles en cara sus antiguas fidelidades. No les importa jugar con un lodo que sólo puede mancharles a ellos. Aún más lastimosa es la reciente publicación de cartas, documentos miserables que les rebajan indirectamente, páginas firmadas por Virgilio Piñera, Severo Sarduy y otros. Cuando un gobierno necesita de este tipo de argumentos, poco queda por añadir.

Todos esos que firmaron peticiones de paredón y proclamas sanguinolentas pudieran excusarse a sí mismos usando los pretextos de la ceguera política, el ardor juvenil y la atmósfera de los tiempos. Sigo creyendo que nada justifica que un hombre armado vaya contra otro indefenso. Es un problema de entereza elemental.

Ahora sólo queda aspirar a que un día no nos queden archivos intocables.

TE ESTOY LEYENDO EN EL BAÑO

La lectura más dichosa sabe de silencios, losas y rumor de agua. Sabe erigirse sobre los efluvios y los círculos abismales en que asentamos las deposiciones. Se instala sobre la noción de impureza, y nos otorga el ensimismamiento.

Es un proemio verboso, que describe el acto de convertir el retrete en biblioteca, habiendo ajustado el estantillo que nos faltaba para sostener tal osadía. ¿Quién que no sea un insensato pudiera obedecer los rituales del cuerpo sin buscar un cuarto de hora ilustrado, o al menos entretenido? Ese cuarto de hora, dilatado más de las veces para contrariar la angustiada mano que golpea la puerta y reclama su turno, va convirtiéndose en nuestra única posesión: es la grieta que ensanchamos y nos permite escapar de obligaciones conyugales y profesionales. Encerrarse a leer para procurar alivio, dos placeres que se enlazan en una sola expresión: aprender entre el placer y la necesidad.

A los insulares, llagados en la sublimación del progreso social, no siempre nos fue dado elegir el tipo de literatura sanitaria que preferíamos. Tuvimos que confiar en la certeza de los tratadistas soviéticos, en las plumas del más dócil realismo, en el recurrente *stream of consciousness* que imprimían los diarios al día siguiente del Discurso. No aprendimos a ser selectivos por mera *necesidad* de circunstancia. En nuestro acto intervenían otras variables: paisaje, texturas, diseño del cajón acomodaticio (rara vez manifestado en forma de *commode*), nerviosismo y provisión de agua.

He aquí que hoy calibramos la ventaja de un anaquel a la altura precisa, y qué autores se avienen con los requerimientos de esta práctica liberadora. Ciertamente, algunos libros salen al mercado con un sutil tufillo a baño, dicho esto con buena intención: son libros concebidos para leerlos sentados sobre frialdades apetecibles. Y por supuesto, se han hecho compilaciones expresamente con ese destino. El retrete como celda, como biblioteca reluciente donde se entrecruzan las fragancias: la literatura cava senderos inimaginables.

«Te estoy leyendo en el baño» ha dejado de ser una frase cargada de astucia, para convertirse en elogio finísimo.

Intuyo que muy pronto comenzarán a editarse libros en forma de rollos sanitarios. En concordancia con lo efímero de los usos modernos, tendremos literatura descargable.

DE CUANDO AL CRÍTICO SE LE PARÓ ESCRIBIENDO UNA RESEÑA DE POESÍA

«En un primer nivel básico, de pura perspectiva visual, se encuentran la ranura, la hendija, la hendidura. El ojo y el cuerpo van allí, se aposentan allí, separados (y al mismo tiempo involucrados en lo que sucede) de un acontecer misterioso».

«Los poemas lustran y fijan, en su mayoría, el contacto terrible y bello con lo impreciso, o acaso con lo que se esconde para que después se revele».

«Él atraviesa las estaciones del cuerpo, los ciclos del intercambio sensual con los otros, a sabiendas de que al final algo (¿el alma?) podría salvarse».

«Cuadros que se alejan y se acercan. El muchacho de los sauces, por ejemplo, es una metáfora clásica, o de sabor clásico; podemos verla en libros muy antiguos, en los albores de la poesía occidental, pero también podemos oler al muchacho, sentir la presencia de su languidez, la ligereza de su andar y el peso casi inclemente de su mirada».

«Por las ranuras del mundo el poeta atisba y alcanza a ser un *voyeur* del espíritu; cuece su curiosidad, o su hambre de saber, como si fuera imperioso practicar una inquisición desolada, inflexible (por despierta), sin letargos anestésicos, de modo que el resultado se aproxime siquiera a una certeza *viva*; me refiero a un amor casi dolido, que crece en su propia estupefacción, en su extrañeza, pero que fertiliza lo real de acuerdo con la idea que él tiene de lo real».

«[El poeta] fija entonces los ojos allí, largamente, hasta arrancar algunos secretos; el objeto se reblandece, se lubrica, acepta la entrada de la metáfora como en una posesión muy intensa».

LUIS PAVÓN: QUEDA ESCRITO

Los hubo peores que Luis Pavón, pero pocos dejaron un testimonio tan explícito de su condición miserable. Por ejemplo, casi nadie menciona a José Martínez Matos, delator y testigo en procesos penales contra otros escritores, y cuyo nombre aparece incidentalmente en algún documento de ignominia. Pero al comisario Pavón es fácil ilustrarlo, pues cada artículo suyo (publicados en la revista Verde Olivo, usando el seudónimo «Leopoldo Ávila») ha sido archivado y expuesto por gente memoriosa, que se sirve de ellos para demostrar los límites a que llegaba el estalinismo cultural de entonces.

Cuando Pavón fue enterrado por segunda vez, y agotada en parte la ira de sus antiguas víctimas, se le quiso añadir una dosis de ternura al candente obituario no oficial. Norberto Fuentes se sopló los mocos con un par de esquelas gratuitas, y a Silvio Rodríguez se le ocurrió rastrearlo por Google y copiar versos de tan mal gusto como estos:

«*Entonces,*
me veo allí,
sentado sobre la hierba,

*con los pies desnudos y sucios
rascándome una nigua».*

Y efectivamente, no será la imagen del poeta rascándose una nigua la que perdure, sino la del teniente redactor de crítica terrorista, ya fuese bajo seudónimo o firma propia, amenazando a quien se desviase del patrón rítmico impuesto desde las alturas. Habría que decir que el encargo fue cometido con toda la saña posible, y nada mejor para demostrarlo que una colección de sus mejores momentos.

Sobre Cabrera Infante: «Fue este Mr. Kein el primero en abrir el cauce al individualismo, la vanidad, la superficialidad y la extravagancia en el arte. Contaminó a más de un trepador que aún sigue dando guerra. Pero es útil analizar este caso y observar cómo siempre actitudes como las suyas terminan en el basurero de la contrarrevolución».

Y esto otro sobre Lino Novás y el propio Cabrera Infante: «Levantarle aquí monumentos a un Lino Novás Calvo, por ejemplo, o a Caín, sería peregrino. Llorar como magdalenas sobre sus recuerdos, es arbitrario y poco masculino».

Sobre *Dos viejos pánicos* de Virgilio Piñera: «Nada más lejos de la Revolución que esa atmósfera, sin salida posible, en que Virgilio Piñera ha volcado sus pánicos».

Sobre Heberto Padilla: «Se las ingenia, eso sí, para permanecer en el candelero publicando, de tarde en tarde, un poema en alguna revista o levantando el periscopio con algún viejo poema en antologías seleccionadas por algún amigo o por él mismo».

Y además: «del joven y prometedor poeta de antes sólo queda una caricatura, bastante lamentable por cierto, clownesca; decidor obstinado de frases supuestamente brillantes, hiriente, anacrónico personaje salido de alguna mala comedia de finales de siglo».

Y también: «Escribe en busca de un cartelito en el extranjero que le permita satisfacer su vanidad. Para lograrlo, nada mejor que hacerse el conflictivo, el perseguido, en una sociedad donde, de veras, muy poca gente piensa en él».

Sobre una obra de teatro de René Ariza: «A Ariza le repugna, por ejemplo, el Servicio Militar, que es, en la obra, sólo un medio por el que el carácter impositivo de uno de los padres frena al hijo, ni más ni menos que una escuela de curas. Pero sucede que el autor es cubano y que la obra no está escrita ni se representa, ni surge ni se premia en Constantinopla. Y aquí el Servicio Militar es una necesidad que nuestra juventud acepta y en la que participa con entusiasmo. Estamos levantando y defendiendo un pequeño país revolucionario muy cerca del más taimado, cruel y criminal de los enemigos. ¿No es claro que nuestros jóvenes y no sólo ellos, todo el pueblo, tiene que aprender a defenderlo?»

Y contra Antón Arrufat se envalentonaba: «Llegó al colmo cuando dio a conocer el poema «Envío», de José Triana cuyo contenido era la inversión sexual descrita en sus detalles más groseros. (…) Si en algún momento ha intentado publicar otras cosas contra-revolucionarias, siempre alguien —con buena intención, a ver si Antón cambiaba— le aconsejaba amistosamente. Y Antón guardaba su poemita. Pero ahora por su cuenta y riesgo se va a la guerra con armadura y todo. A la guerra contra la Revolución. Y ahí sí que no. Ni grupitos que lleven la obra al extranjero con dinero de la Revolución ni vuelos a capitales europeas. Aquí no celebramos las insolencias aunque vengan de un señor tan mínimo. Aquí no aplaudimos la infamia, porque la Revolución se hizo contra la infamia. Aquí no levantamos pedestales a la mentira, porque la Revolución se hizo con la verdad. Y además, no desprecie tanto al pueblo, no crea que el pueblo no va a entender sus ataques groseros y aristocratizantes. El pueblo los entiende y los rechaza. No van a pasar inadvertidas sus insolencias mientras él se ríe del pueblo detrás de la cortina. Eso no va a volver a pasar».

Y era capaz de soltar cosas como esta: «Por el camino del ablandamiento ideológico, de la despolitización absoluta se llega a la tontería, pero, a veces, a la contrarrevolución».

Para si existen dudas, este otro fragmento lo publicó con su nombre, y usando los mismos términos de «Leopoldo Ávila»:

«En teatro, es sabido lo mal que andamos. Entre un Piñera que se repite hasta la monomanía y un Arrufat que repite a Piñera con mayores oscuridades, reticencias y anfibologías (por otra parte, tan transparentemente hostiles a la Revolución), nuestro teatro parece desembocar irremediablemente a la tontería».

Podrá descansar en paz, y podrán perdonarlo aquellos a quienes martirizó, pero ahí quedan sus palabras.

CRISIS DE LOS MISILES EN LA POESÍA CUBANA

«Como una panetela»
«Como escamas sin pez»
«Como una mancha rubia»
«Como un cangre de dolor»
«Como los pelos del pecho»
«Como una marihuana sin mar»
«Como un héroe que es cobarde»
«Como un caracol escarmentado»
«Como un bulto de reses en el cine»
«Como un perro tullido de aguamiel»
«Como un país abarrotado de ausencia»
«Como el imperdible prendido al agua»
«Como trueque fugaz de hiel por heces»
«Como una pistola femenina en mi sien»
«Como un islote escondido entre las olas»
«Como crece una alfombra tejida a mano»
«Como bichos de execrable transparencia»
«Como un río en la hoja digital del portátil»
«Como un aullido ahogándose en mis ojos»
«Como un ladrido insepulto en las paredes»
«Como una piedra con escalofríos de rodar»
«Como un condenado tango sin bandoneón»
«Como a un paria en el parnaso de los hatos»
«Como una andanada de salvajes cerbatanas»
«Como un cadalso impasible tira de un cuello»
«Como una geisha tullida en su indócil kimono»
«Como una esponja que absorbe todo sin razón»
«Como criaturas chatas que no tienen qué comer»
«Como el almuerzo elemental gracias al que vivo»
«Como un papiro ilegible que justifique mi partida»

«Como duras son las nalgas y las tetas de muñecas»
«Como dramáticas cabirias despellejadas de su piel»
«Como el arroz marchito antes del sol de su cosecha»
«Como un vasto frigorífico de silencio que me ignora»
«Como vuelve Edipo a la caducidad de su ambulacro»
«Como sucede con la orina del arce derritiendo la nieve»
«Como el que sostiene un báculo a través del infernáculo»
«Como un adorno contra el volcán de sueños donde grito»
«Como una estrella de sangre sobre los coágulos de la aurora»
«Como una fuerza ondulatoria y una fila de dunas del detrito»
«Como si estuviéramos frente a una calle que donó sus grietas»
«Como pequeños riachuelos que contaminan la ciudad con mi dolor»
«Como a un invitado a quien la ausencia le organiza coros de bienvenida»
«Como un animal utópico hipertrofiado en el trópico falaz de la incertidumbre»
«Como mil años que sólo sirven para que el horizonte firme un desamparo manso»
«Como una oración de esperma derritiéndose en la yerma dimensión del vaticinio»
«Como la noche cuando insulta a las algas porque invaden su cosecha de fragancias»
«Como un esquimal que tiene el agua en la cerradura de una galaxia elegida antes»
«Como la huella étnica que camina con nosotros durante el desgarramiento del hueso»
«Como el marino que extiende el brazo haciendo una señal de guillotina que pudre la soga»
«Como si la esperanza fuese algo más que el lastre de un calce que abre larvas al final del fuego»
«Como si fuera un muerto dentro de una novela que escribiera Bulgakov a orillas de esqueletos sin ramas»

LEVANTANDO UN CASO CONTRA LA FAUNA DECIMISTA

1-Mi casa es de menthol
2-El glande coagula notas
3-Hay un orgasmo en tus pies
4-La fiebre copula con los cerrojos
5-Cantar a dentelladas la mordida
6-Soy reo en latifundios de euforia
7-El parto hizo del yugo un infarto
8-Y tu cuerpo despide hebillas rotas
9-Desoccidentalizado ante las aguas
10-Un aluvión de galaxias sin resuello
11-Tiembla de fragor mi pubis duende
12-Queda una angustia metálica sin ti
13-Me has comido el brazo con tu sexo
14-¿No se ovilla su clítoris en la bruma?
15-Sopla un brisote unimembre diabólico
16-Los olores que madrugan en mis lentes
17-El musgo crece al costado de tus piernas
18-Quiero que sea mío el aluvión de tu falo
19-Yo podría morir de alguna enzima judía
20-Los muros donde el flamenco se incrusta
21-Yo estuve en coma en la sala del prejuicio
22-Siempre habrá quien inyecte una bacteria
23-A cambio una azucena masticaba mis ojos
24-Mientras hinco en tu piel mi falo de óxido
25-Me nacen quistes y se instalan en mi pluma
26-Madre escupe un maleficio de sangre y pus
27-Tu mirada desabrochándome cada lágrima
28-Una gaviota se caga sobre la vejez del muro
29-Una masa ecléctica entre berberisca y gótica
30-Entrarás a un ataúd insenescente, inconsútil
31-El terrible desamor que le tengo al esperanto
32-Y eyacula su memoria en un vahído metálico

33-Ensaya un pizzicato que estalla bajo el clítoris
34-Un designio se coagula en la vagina del mapa
35-Hay una mano caníbal desaletrando mi halago
36-Porque tu calle amamanta esta saliva de idiota
37-Aborto de ovas y lamas soñando ser un esquife
38-Herejía son los pétalos que calzo entre silencios
39-Luego asisto en su parto a la ubre trunca de aire
40-No dejen que los tigres desovejen sus dos aspas
41-¿Dónde bojeo las mellas de mis puños radicales?
42-Danzan tus vellos un ávido pus entre las cuerdas
43-Su vulva paciente que lubrica la furia del tambor
44-Atrapado por el vello que tu entrepierna custodia
45-Por mis controles remotos sucios de luz y tinieblas
46-Esta asepsia comió mi reloj más fresco de guijarros
47-En este instante alguien te planifica algún implante
48-Imagino que Dios estuvo cerrado por reparaciones
49-Yo deliro desde otra muerte un suspiro en piltrafas
50-Esta albufera me está podando el través de la quilla
51-Y yo que me quedo angosto en mi estuche de reptil
52-Regando materia orgánica para salvar tu existencia
53-Luego exprime su brragueta sobre una revista porno
54-Los pozos de hidrocarburos dictan murallas de pan
55-Se nos pudre en la retorta un verbo que se deslustra
56-¿Seré el hollejo en una mano longeva de parroquias?
57-Claudio padece los cólicos del alcohol en honda llaga
58-El glande desafina resbalando por el vientre marchito
59-Trae la ausencia un canario en las rodillas fracturadas
60-Qué de pájaros viola tu guadaña recostada a un estero
61-La patria, entonces, nos mira como a fetos en su vientre
62-Crudo oficio que navega hacia el hospicio del intertexto
63-¿Quién vela la paz de la sanguijuela desde su orgasmo?
64-¿Qué dios defeca sus miedos sobre la frente del mundo?
65-¿Hay un triunfo tecnológico, en la razón que no espero?
66-Lo gnosivo es un pleonasmo hermético entre las piernas
67-¿Soy un cadáver despierto o un fantasma que estornuda?
68-Es que padezco esta herrumbre con fantasmas del olvido
69-Incorpóreo volverás a un tiempo ecuóreo como el amnios
70-¿Qué azar aliviará el espaldar donde me trepan las zarzas?
71-Pero teje tu perla negra su fleje sobre duelas de mi anverso
72-Mas son como de un androide las luces que en mi ojo secan
73-Un esquimal en el Polo refuta las profecías de Nostradamus
74-En mi barrio hay monigotes imberbes que se depilan el bozo
75-El desafío va siendo un recuerdo impío al norte de su rodilla
76-Ninguna homilía puede impedir tanta orgía entre mis nalgas
77-Por tu esófago bogamos en el sarcófago de nuestras debilidades
78-Serán mis lágrimas la oxalme que guardará tu grito reaccionario
79-Desde su ungüento el pulgar se anticipa y eyacula sobre el lóbulo
80-Tal vez la virusemia escape por el géiser que tengo en el ombligo
81-Eres una señora fotogénica con una hermosura étnica… caucásica
82-Yerras si el estigma se vierte en la antinomia de la cima del lábaro
83-Y no empolla el huevo que con la olla vendí por una anestesia azul
84-Núbil red clandestinizaba al reo vociglero del deseo de intemperie
85-Tengo un árbol sin injertos, ingrávido para el semen de mis sombras
86-Una vieja colonia de nativos que se embadurnan la expresión del sol
87-Se atrincheran en Job, para disfrazar lo snob de anticonvencionalismo
88-Detengan a la muerte y el blindaje perverso de sus uñas lacrimógenas

89-La travesura es un soplo de orgasmo al aguafuerte sobre tu placa gris
90-Algún tragaluz regurgita un arcabuz que me apunta al entrecejo del ala
91-Tal vez eres un póster…un afiche de alguna estrella porno…extraditable
92-Lepanto no es más que el modo de asir la pestaña de zurcir con la otra mano
93-De incordura yo tildo ese vocablo que supura y asume desamparos en su toga
94-Una cruz no detiene la herida con el pus para un lobo perdido al que me entrego
95-Mi forma letal de exteriorizar la furia al faltarme tu lujuria multiorgásmica y ritual
96-Soy una gota de la espina que atraganta cientos de ahogados por el velamen de los navíos
97-Mis oníricos opúsculos se llenan de unos minúsculos cíclopes y de una erótica excomunión
98-No es burdo transformar al Homo Faber en la eversión de un cadáver fiduciario de lo absurdo
99-Con tu aliento se alimenta una ciudad en short que fuma a una edad nocturna y sin documento
100-Avistar una ínsula que tache teleológicos ritmos a través del fragmento para ascender a un epos libidinal ubérrimo

LA CULTURA

La cultura del amor a las raíces.
La cultura del sostenido aliento.
La cultura del rescate de valores.
La cultura de los giros novedosos.
La cultura del contexto adecuado.
La cultura de los aciertos parciales.
La cultura de la voz inconfundible.
La cultura de las propuestas válidas.
La cultura de los hallazgos formales.
La cultura de las instancias superiores.
La cultura de los ambiciosos proyectos.
La cultura de los cambios estructurales.
La cultura de una concurrida audiencia.
La cultura de las delegaciones numerosas.
La cultura de las consideraciones teóricas.
La cultura de la honda raigambre popular.
La cultura del cadencioso y peculiar ritmo.
La cultura del profundo sentido humanista.
La cultura del ejercicio sostenido de la crítica.
La cultura de las correspondencias orgánicas.
La cultura del reflejo de los valores auténticos.
La cultura de las tendencias homogeneizadoras.
La cultura de los aportes significativos y sustanciales.
La cultura de la voluntad de conquistar un sello propio.
La cultura del pleno dominio de los recursos expresivos.
La cultura de la integración a un proyecto más abarcador.

LOS 99 ESTIGMAS DE LA LITERATURA CUBANA

99: La transcripción en octavas del Quijote, cometida en 1849 por el poeta habanero Eugenio Arraza.
98: La publicación del kilométrico poema «Cuba. Canto descriptivo», de Felipe López de Briñas: «Mire el águila audaz de la tormenta/A Cuba que entre céfiros y calmas/Larga y estrecha sobre el Mar se sienta,/Como un cetáceo colosal que alienta/Con el suspiro de sus tiernas almas,/Y que por cola ostenta/Al Sol cuando en Ocaso se presenta,/Y por aletas las sonantes palmas/Que se alzan en sus rocas,/Y también por esceso/A Nipe y a Guantánamo por bocas/Abiertas á la Gloria y el Progreso».
97: La consagración de Ángel Augier como ujier de Nicolás Guillén, al punto en que éste le consultaba datos sobre su propia vida. «Él conoce mi vida mejor que yo».
96: La poesía del Padre Gaztelu, como plato acompañante en la mesa de Orígenes. «Palmera, vegetal arquitectura/florecida de triunfo y armonía...».
95: La aparición del *Informe contra mí mismo*, de Eliseo Alberto: *strip tease* de una generación perdida.

94: El curioso caso de contabilidad en la poesía de José Kozer: una acumulación de 10970 poemas hasta abril del 2016: «...sin ceder jamás un ápice a la facilidad...» (JK).
93: Los lectores del capítulo 8 de *Paradiso*.
92: La cólera lírica civil de Martínez Villena, en su poema admonitorio, tan llevado y traído para justificar cualquier tumulto jacobino: «Hace falta una carga para matar bribones,/ para acabar la obra de las revoluciones;// para vengar los muertos, que padecen ultraje,/ para limpiar la costra tenaz del coloniaje...»
91: La respuesta revolucionaria al género policial: el Concurso 26 de Julio y la entrada en escena de sus personajes emblemáticos: el combatiente del Minint y la cederista.
90: La «Canción a Stalin», de Guillén, ¿el poema más abyecto de la literatura cubana? «Stalin, Capitán,/a quien Changó proteja y a quien resguarde Ochún./A tu lado, cantando, los hombres libres van...»
89: El reciclaje de títulos como gancho editorial, *à la cubaine*: *Memorias del desarrollo* vs. *Memorias del subdesarrollo*; *El todo cotidiano* vs. *La nada cotidiana*.
88: Los frustrados intentos de rescatar a José Ángel Buesa para la Ciudad Letrada. Posiblemente por causa de versos como este: «Y si un día una lágrima denuncia mi tormento...».
87: La acuñación de un doble eufemismo: Quinquenio Gris, por el crítico ágrafo Ambrosio Fornet.
86: El Premio Nobel que Cuba obtuvo por carambola: *El viejo y el mar*.
85: La incorporación de la isla a las antologías de Poesía Cósmica: «...un largo LAGARTO verde,/con OJOS DE PIEDRA Y AGUA»; «...un CABALLO DE FUEGO/ sostiene tu escultura guerrillera...»
84: La enunciación de un personal *canon cubensis* por el profesor Roberto González Echeverría. «Éste es un

proceso que es también de autoanálisis y hasta de desvergonzado exhibicionismo, porque rara vez nos proponemos hacer o hacernos semejantes confesiones de preferencias y gustos, a no ser que nos llamemos Aristóteles, Horacio o Longino».

83: El prólogo de Jesús Díaz a la primera edición 'oficial' de Lino Novás Calvo: «El que una revolución bloqueada publique a quien llegó a ser su enemigo es un acto de madurez y, para el destino literario de Novás, una paradoja».

82: La precisión que tuvo que venir de otra orilla: «Guillén (el bueno: el español)» [Pablo Neruda].

81: La innecesaria obra póstuma de Cabrera Infante, sobre todo *La ninfa inconstante*.

80: La publicación del panfleto *El derecho a la pereza*, del santiaguero Pablo Lafargue, yerno de Marx y dependiente económico de Engels.

79: La crítica literaria estalinista de Leopoldo Ávila (seudónimo del poeta-teniente Luis Pavón), desde las páginas de *Verde Olivo*: «Con estos señores, la Revolución ha sido paciente y tolerante, y, una vez más, se han equivocado con la Revolución. A la Revolución no le ha interesado ni le interesa limitar la imaginación ni la experimentación artísticas, sino desarrollarlas; pero no va a dejar de combatir a los que pretenden utilizar esa libertad que, absolutamente solo, conquistó primero y defiende ahora el pueblo con su sangre, para clavarle a la Revolución un puñal por la espalda y que para colmo de desvergüenza se presentan, además, como defensores de nuestra cultura».

78: La prisión de Néstor Díaz de Villegas, por su «Oda a Carlos III»: *Y ahora, ¿podrías soportar/ el espectáculo de la chusma/ que se agita ante tus pies de piedra,/ pretendiendo entender/ de jerarquías?*

77: La proclamación profética revolucionaria de Lezama Lima por Cynthio Vitier, al descubrir su poema «La casa del alibi», escrito en 1953. «Si este poema se escribió antes del asalto al cuartel Moncada, resulta de una videncia casi increíble; si se escribió después, cuando el ímpetu revolucionario parecía haber fracasado una vez más, constituye igualmente, en la región de los símbolos, un testimonio profético».

76: La crítica literaria cubana, siempre a disposición de la lírica de turno: «haz de poemas que desborda sensibilidad y valor», «urgencia y desnudez de lenguaje», «cálido fervor lírico», «desgarrador testimonio escrito en versos»…

75: El mito de los libros de Cabrera Infante canjeados por latas de leche condensada.

74: La entrevista performática de Fernández Retamar con Jorge Luis Borges, para que autorizase unas Páginas Escogidas en Cuba. A falta de dólares, el pago sería en «cuadros».

73: El prólogo de Martí a *Los poetas de la guerra*, glosado indistintamente cada vez que se quiso justificar alguna pluma heroica: «Rimaban mal a veces pero sólo pedantes y bribones se lo echarán en cara: porque morían bien».

72: El ajuste de cuentas como literatura: *El color del verano* y *Antes que anochezca*, de Reinaldo Arenas.

71: La recopilación de Ciro Bianchi Ross, *Imagen y posibilidad*, textos varios de José Lezama Lima: una versión más «integrada» de su escritura.

70: La creación del Centro de Formación (sic) Literaria «Onelio Jorge Cardoso», desde donde se ha afirmado: «… si entonces hubieran existido los talleres literarios, hoy tuviéramos más Cervantes y más Shakespeares».

69: El socorrido poema *Mi bandera* de Bonifacio Byrne, y aquel verso: «¡al cubano que en ella no crea/se le debe azotar por cobarde!»

68: El lavado de imagen de Emilio Ballagas, intentado por Cynthio Vitier en el prólogo a su *Obra poética*, y rebatido por Virgilio Piñera desde *Ciclón*. Vitier: «Del anhelo de una inocencia arcádica a la caída en el tiempo taciturno del deseo y de la muerte. De la paganía fabulosa de los sentidos al romanticismo elegíaco del alma. Y después, la ascensión a los misterios de la fe, al tiempo trascendente de la Pasión del Espíritu». Piñera: «Rechazo esa pureza que mancha de blanco hasta dejar sin rostro alguno al poeta, al soldado o al héroe indefensos. Sus amigos olvidan que la mitad de toda pureza es impureza, lucha, espanto, tinieblas y horror. No veo en razón de qué sacrosantas leyes tengo yo que hablar páginas y páginas de un Ballagas que ya no sería Ballagas sino su envilecida mistificación».

67: La condena a ocho años de prisión al escritor René Ariza, por intentar sacar manuscritos del país: «desde hace algún tiempo viene dedicándose a escribir cuentos, ensayos y relatos cuyo contenido y enfoque se basan en el más amplio diversionismo ideológico y propaganda contrarrevolucionaria escrita. Que todo este material literario carente de valor artístico, escrito en contra de los intereses de nuestro pueblo, de nuestro Primer Ministro…».

66: La sobredimensión del «miedo valiente» de Virgilio Piñera. «Como Carlos Rafael ha pedido que se diga todo, hay un miedo que podíamos calificar de virtual que corre en todos los círculos literarios de La Habana, y artísticos en general, sobre que el Gobierno va a dirigir la cultura. (…) como Carlos Rafael pidió una franca franqueza, perdonando la redundancia, yo por eso lo digo, sencillamente, y no creo que nadie me pueda acusar de contrarrevolucionario y de cosas por el estilo, porque estoy aquí, no estoy en Miami ni cosa por el estilo».

65: La confesión pública de Jorge Mañach sobre la poesía de Lezama Lima y los de *Orígenes*: «La admiro a trechos; pero no la entiendo».

64: Los próceres poetas, pergeñando estrofas premonitorias: «Volad, pueblos de Cuba, a las armas/De la patria a la enérgica voz,/Y en lugar de los haces de espigas/Las gargantas segad con la hoz». (*Himno republicano*, Carlos Manuel de Céspedes).

63: La desaparición de Juan Cristóbal Nápoles Fajardo (El Cucalambé) en 1861, posiblemente por malversar fondos públicos.

62: Las «glorietas de amistad» y «décimas de querencia», prendidas al cuerpo poético de Lezama Lima. «La lengüilla del lagarto/ en los domingos de parto,/ meriendas de Pablo Armando».

61: La publicación de *Cantos del Siboney*, de José Fornaris, como súmmum del siboneyismo.

60: La carta lacrimosa de Heredia a Tacón, pidiendo salvoconducto de *regreso*: «*Es verdad* que ha doce años, la independencia de Cuba era el más ferviente de mis votos (…) pero las calamidades y miserias que estoy presenciando hace ocho años han modificado mucho mis opiniones, y vería como un crimen cualquier tentativa para trasplantar a la feliz y opulenta Cuba los males que afligen al continente americano».

59: *El Monte*, de Lydia Cabrera, como negocio del Ministerio de Cultura.

58: La publicación del *Diccionario de la literatura cubana* en 1980 y 1984, con todas sus omisiones correspondientes: Gastón Baquero, Guillermo Cabrera Infante, Calvert Casey, Carlos Montenegro, Lino Novás Calvo, Severo Sarduy, Justo Rodríguez Santos…

57: La «Nota Aclaratoria de la UNEAC» a la publicación de los libros *Fuera del juego* y *Los siete contra Tebas*:

«Era evidente que la decisión de respetar la libertad de expresión hasta el mismo límite en que ésta comienza a ser libertad para la expresión contrarrevolucionaria, estaba siendo considerada como el surgimiento de un clima de liberalismo sin orillas, producto siempre del abandono de los principios. Y esta interpretación es inadmisible…».

56: La inclusiva antología poética *La generación de los años 50*, que incorporaba mártires aficionados al verso y represores culturales.

55: Los libros reducidos a pulpa por la censura castrista; entre otros: *Lenguaje de mudos*, Premio David 1968, del poeta Delfín Pratts, por versos como estos: «…ha sentido mi aliento abominable y en mis masturbaciones/se ha estremecido un tanto también poseso del deseo/él está hecho para andar por mí aun donde/yo mismo me ignoro».

54: La alharaca armada en torno al soneto *La más fermosa*, de Enrique Hernández Miyares, acusado (falsamente) de plagio por *El Diario de la Marina*.

53: El poder de concentración cínica adquirido cada vez que alguien fue investido con el título de Presidente de la UNEAC. «Si España, o cualquier otro país, estuviera en guerra con una potencia nuclear y su embajada organizara la disidencia, ¿no estarían juzgados y presos, o con un tiro en la cuneta?» (Abel Prieto); «La gente cree que los cubanos no viajamos y yo he viajado a más de 47 países. Los cubanos sí viajan, los únicos que no viajan son los que están presos». (Miguel Barnet).

52: La carta de los intelectuales cubanos contra Pablo Neruda por su «complacencia con el enemigo», instigada por Guillén, y redactada por Retamar, Otero y Desnoes.

51: La insistencia en citar mal el famoso verso de Lezama Lima: «Nacer es aquí una fiesta innombrable», por el más conveniente «Nacer aquí es una fiesta innombrable».

50: El título de Poeta Nacional, ostentado por Agustín Acosta y Nicolás Guillén.

49: La carta de Virgilio Piñera al Primer Ministro: «Sabemos que el Gobierno Revolucionario tiene fundados motivos para tenernos entre ojos; sabemos que nos cruzamos de brazos en el momento de la lucha, y sabemos que hemos cometido una falta».

48: Los diversos nombres de una misma incapacidad: realismo socialista, realismo sucio, Manuel Cofiño, Pedro Juan Gutiérrez.

47: Los guiones cinematográficos como redención de la prosa pobre: Edmundo Desnoes y Senel Paz.

46: La impotencia de José A. Baragaño contra los origenistas, desde el diario *Revolución*: «Ataquemos de frente esa vacilación sensitiva, hablamos del grupo de la revista *Orígenes*, bajo el imperio de José Lezama Lima».

45: El colofón editorial a una larga vida de voyeurismo castrense: *Dulces guerreros cubanos*, del cronista Norberto Fuentes.

44: La propuesta de Cynthio Vitier a la «crisis de los balseros»: la edición de los *Cuadernos Martianos*. «¿No es Martí capaz de hacer de cada cubano, por humilde e iletrado que sea, un patriota? ¿No es capaz de inspirarle resguardo ético, amor profundo a su país, resistencia frente a la adversidad, limpieza de vida?»

43: La visita en sueños de José Martí a Zoé Valdés: «Ayer, como de costumbre, soñé que Martí andaba por ahí, revoloteando en mi habitación, montado en su caballo blanco. Y se bajaba del caballo más vivo que nunca y se desnudaba así como se desnuda Richard Gere en American Gigoló y me daba una templada de altura. Yo levitaba con la singada que me daba Martí. Es que siempre me gustó Martí, incluso escribí una conferencia de veinte páginas para hablar de la poesía amorosa de Martí en la que yo me pintaba como una mujer de Martí. Y anoche por fin lo fui».

42: La guerra de los comisarios culturales contra Emir Rodríguez Monegal y *Mundo Nuevo*. Entre otros, el episodio de Reinaldo Arenas, conminado a abjurar oficialmente de una publicación en la revista, y su disculpa privada: «Primero me negué a escribir la carta, y entonces ellos, encabezados por Nicolás Guillén en persona, me presentaron la expulsión de la UNEAC donde además trabajo, expulsión que significa ir a parar a un campo de trabajo forzado y desde luego la cárcel. Hice entonces una carta benigna. Pero el mismo Guillén la rechazó: quería algo agresivo y denunciante. Así pues tuve que elegir entre la redacción de la infame carta o la prisión».

41: El artículo *Somos los actores de una historia increíble*, firmado por Cabrera Infante el 16 de enero de 1959: «Hasta los familiares de los fusilados saben que se obra con espíritu de honradez».

40: El episodio de los golpes cruzados entre Lezama Lima y Piñera, por causa de una crítica mal asimilada por el primero: «Después de *Enemigo rumor*, era ineludible haber dejado atrás ciertas cosas que él no ha dejado; hacer un verso más con lo ya sabido y descubierto por él mismo, significaba repetirse genialmente pero repetirse al fin y al cabo».

39: La implosión del proyecto *Encuentro de la cultura cubana*, víctima de sus muchos desencuentros.

38: El artículo *La poesía en su lugar*, firmado por Heberto Padilla, contra los origenistas: «*Orígenes* es un ejemplo de nuestro más pronunciado mal gusto. Es prueba de nuestra ignorancia, evidencia de nuestro colonialismo literario, y de nuestra esclavitud a las antiguas formas literarias».

37: La sombra de la pedofilia sobre Tristán de Jesús Medina.

36: La empecinada confusión entre «trova» y «poesía», y sus consecuencias: «…me quito el rostro y lo doblo/ encima del pantalón…»; «En mi sábana blanca vertieron hollín,/han echado basura en mi verde jardín…»

35: El cierre del suplemento *Lunes de Revolución*, a raíz de la censura al documental *PM*. El cierre de Ediciones El Puente. El cierre de la revista *Pensamiento Crítico*. El cierre de la revista católica *Vitral*, por presiones del Cardenal Jaime Ortega. El cierre de…

34: La reputación bien ganada del Sargento Retamar: «La verdad es que nunca lo consideré un valor, sino uno más entre los arribistas políticos y literarios de nuestra época». (Pablo Neruda)

33: El entretenido catálogo literario de Ediciones Universal, en Miami: *La sacudida violenta*, *Entresemáforos*, *El espesor del pellejo de un gato ya cadáver*, *Frutos de mi trasplante*, *Para mi gaveta*, *El sol tiene manchas*, *La decisión fatal*, *Ni tiempo para pedir auxilio*, *No puedo más*, *Pero el diablo metió el rabo*…

32: El ensañamiento crítico de Ciriaco Sos (César de Guanabacoa) contra Julián del Casal. «El que haya leido una de sus poesías ya sabe á que atenerse en cuanto á la forma de las demás, pues si en aquella por acaso no aparecen las brumas *opalinas*, las gasas *opalinas*, la blancura *opalina*, las copas *opalinas*, (*copas, opas,* ¡qué melodía!) saldrán á relucir de seguro, la estrella *solitaria*, para aconsonantar con *plegaria* ó *visionaria*, la luz febea, el *aureo* enjambre, el *aureo* dragón, las *aureas* siemprevivas, el *aureo* plumaje, el *aureo* globo esmaltado de esmeraldas, perlas, zafiros y ópalos, el *aureo* collar ornado de rubíes, el brazalete de *oro* constelado de diamantes, rubíes y zafiros, ¡una prendería!»

31: La obra poética de Hilarión Cabrisas y sus zambullidas pasionales, incluyendo el cunnilingus: «Me prosterné a tus plantas y abatí mi cabeza/entre tus muslos como un abate que reza,/te ofrendaron mis labios su erótica oración:/ávidos se anidaron en un íntimo nexo/ carnal, sobre la herida sangrante de tu sexo…/¡Así fue mi primera perversa comunión!»

30: La publicación, en el suplemento literario del *Diario de la Marina*, de *Salutación fraterna al taller mecánico* del militante Regino Pedroso, y que iniciaría la llamada poesía 'obrera': «…ultraístas imágenes de transmisiones y poleas,/exaltación soviética de fraguas».

29: La publicación de *Nos pronunciamos*, manifiesto de «compromiso» de la revista *El Caimán Barbudo,* en 1966: «Nos pronunciamos por la integración del habla cubana a la poesía. Consideramos que en los textos de nuestra música popular y folklórica hay posibilidades poéticas. Consideramos que toda palabra cabe en la poesía, sea carajo o corazón».

28: El descubrimiento (o invención) del fósil *Espejo de paciencia.*

27: La instauración del Premio Nacional (político y geográfico) de Literatura.

26: El ataque («acto de delación intelectual», según Ana María Simó) de Jesús Díaz, director de *El Caimán Barbudo* a Ediciones El Puente: «…empollada por la fracción más disoluta y negativa de la generación actuante. Fue un fenómeno erróneo política y estéticamente. Hay que recalcar esto último, en general eran malos como artistas».

25: *La estrella de Cuba*, primer poema 'revolucionario', escrito por Heredia en 1823: «Si el cadalso me aguarda, en su altura/mostrará mi sangrienta cabeza/monumento de hispana fiereza,/al secarse a los rayos del sol».
24: Nuestra larga tradición de crítica biliosa y subjetiva: Buenaventura Pascual Ferrer, Emilio Bobadilla, Aniceto Valdivia...
23: Las páginas arrancadas al *Diario de campaña* de Martí.
22: La reputación de poeta servil que persiguió a Plácido: «¿Y qué es mirar á este vate/ser escabel del magnate/en el festin,/cantar sin rubor ni seso/y desputar algun hueso/con el mastin...» (J. J. Milanés)
21: Las nuevas bases para concursos literarios en Cuba, a partir de 1971, declaradas por el Primer Ministro: «Y para volver a recibir un premio, en concurso nacional o internacional, tiene que ser revolucionario de verdad, escritor de verdad, poeta de verdad...»
20: Las diversas reescrituras de *Calibán*, ensayo plataforma de Fernández Retamar, donde Borges es calificado como «colonial» y su literatura «un peculiar proceso de fagocitosis»; Carlos Fuentes es «conspicua figura» de la mafia mexicana; y además se alude a «la pesantez profesoral de Emir Rodríguez Monegal y el mariposeo neobarthesiano de Severo Sarduy».
19: La perturbadora españolidad de Gertrudis Gómez de Avellaneda. «Hoy vuelve a Cuba, pero a Dios le plugo/Que la ingrata torcaz camagüeyana/Tornara, esclava, en brazos de un verdugo». (José Fornaris)
18: Las noticias oficiales cubanas sobre Guillermo Cabrera Infante, tras su Premio Cervantes, y posteriormente su muerte: «También querríamos que un premio de esta naturaleza sea celebrado como lo que es: un reconocimiento literario, y que no sirva como pedes-

tal desde donde atacar a la Revolución, y a una cultura que, a pesar de él mismo, lo cuenta entre los suyos». «… y por encima de sus propias diatribas contra su país de origen, sus escritores y sus instituciones, lo mejor de su obra pertenece al patrimonio literario de la nación cubana, a su cultura y a quienes la defienden frente al acoso y la mentira».

17: La agenda hereditaria lezamiana de Severo Sarduy: «Barroco que en su acción de bascular, en su caída, en su lenguaje pinturero, a veces estridente, abigarrado y caótico, metaforiza la impugnación de la entidad logocéntrica…» Resultado: ¡el neobarroco!

16: El caso insólito de un recital de poesía asaltado por paramilitares: Librería El Pensamiento, Matanzas, diciembre de 1988.

15: Las consecuencias del género equivocado: Martí dramaturgo y novelista, Lezama Lima cuentista y traductor, Guillén ensayista, Loynaz y Vitier, novelistas…

14: La guerra epistolar desatada en torno al libro *A pie y descalzo*, de Ramón Roa, entre Enrique Collazo y Martí: «Pero si usted quiere ser cubano póstumo, o guapo, después que ha pasado el peligro, séalo en buena hora, pero déjenos en paz». (EC)

13: Nuestra poesía canónica e intraducible: «…búcate plata,/ poqque no doy un paso má:/ etoy a arró con galleta,/na má».

12: Los *Versos sencillos*, como punto de ebullición entre Martí y su esposa, Carmen Zayas Bazán: «He visto vivir a un hombre/ Con el puñal al costado,/ Sin decir jamás el nombre/ De aquélla que lo ha matado».

11: El *Mensaje desde La Habana para amigos que están lejos*, firmado por escritores e intelectuales cubanos para justificar los fusilamientos y arrestos de la Primavera Negra del 2003: «Para defenderse, Cuba se ha visto obligada a tomar medidas enérgicas que naturalmente no deseaba».

10: La degeneración de la décima como género independiente, y su subproducto: los decimistas. «Hay una mano caníbal/desaletrando mi halago/(Ciudad de papel —Cartago/rota otra vez) pobre Aníbal/Hay una mano caníbal/y autófaga —Qué Escipión/en paños menores —¿Son/torpes ecos del rey Prusias/de Bitinia? Qué de argucias/Dido –qué desolación».

9: La agenda teleológica insular de Cynthio Citier a partir de *Lo cubano en la poesía*, desterrando a la Avellaneda por su peninsularidad, y a Virgilio Piñera por exceso de antillanismo: «Trópico de inocencia pervertida, *huit clos* insular radicalmente agnóstico, tierra sin infierno ni paraíso, en el sitio de la cultura se entronizan los rituales mágicos, y en lugar del conocimiento, el acto sexual. Pero ni siquiera los valores de la carnalidad sobreviven, porque los copuladores son imágenes vacías, contornos de sombras. Retórica, pulpa, abundancia podrida, lepra del ser, caos sin virginidad, espantosa existencia sin esencia».

8: La Guerra de los E-mails de 2007, que sirvió para demostrar que toda la represión cultural de las décadas anteriores provino únicamente de dos funcionarios.

7: El berrinche de José Rodríguez Feo con Lezama Lima y el fin de su financiamiento de *Orígenes*.

6: La publicación del panfleto *Nuestra América*, por José Martí, cúmulo de histeria verbal: «trincheras de ideas», «los árboles se han de poner en fila», «el gigante de las siete leguas», «la hora del recuento, y de la marcha unida», «sietemesinos», «el brazo canijo, el brazo de uñas pintadas y pulsera», «esos insectos dañinos», «danzando y relamiéndose», «vino de plátano»; y que remata con la imagen del Gran Semí, sentado en el lomo del cóndor regando la semilla de la América nueva.

5: Los dos siglos sin literatura (XVII, XVIII) antes de que alguien escribiese una oda a la piña.

4: El Coloquialismo, el Conversacionalismo, o lo que fuera: «Mujer,/ tú no eres el comunismo,/ pero te le pareces».

3: El Caso Padilla, y la retractación pública del poeta: «Y yo inauguré –y esto es una triste prioridad–, yo inauguré el resentimiento, la amargura, el pesimismo, elementos todos que no son más que sinónimos de contrarrevolución en literatura…».

2: El ostracismo y la muerte oficial («cerco de silencio») de José Lezama Lima y Virgilio Piñera.

1: La Preceptiva ideológica, dictada por el Primer Ministro, en 1961: «Creo que esto es bien claro. ¿Cuáles son los derechos de los escritores y de los artistas revolucionarios o no revolucionarios? Dentro de la Revolución, todo; contra la Revolución ningún derecho. (APLAUSOS)».

RETRATO DE CRÍTICO CON ESPEJO ROTO

Ahora se arrebuja con la manta y su libro, colmado de sí, en el mismo sillón donde leyó y releyó lo que debía y no; y sorbe la tisana que humea sobre sus posesiones: cuadernos y tomos apilados que alguna vez fueron garabateados sin compasión. Las paredes muestran un par de acuarelas de (pintadas por) amigos muertos, un óleo heredado y el espejo roto que ya no consulta. «Saldo», los biógrafos le llamarán a esto. También «fruto de una larga labor», y todo terminará apilado en otra parte, ni siquiera como inventario o despojos, porque es el tipo de cosas que se dispersa sin que haya retribución o pérdida.

Pero todavía puede rumiar tanta perspicacia, suya y sólo suya, y escudriñar el techo, y no sentirse culpable.

Cierto, hubo una época en que sostuvo la tesis de que la expresividad se expandía y se reducía sin que mediara la voluntad del hombre, y que ello explicaba tanta guerra entre padres e hijos, generación contra generación, y tanto libro contradiciendo al anterior.

De tal modo, y como buen vástago que era, abjuró de quienes le arrimaron la teta didáctica.

Embobecido con el proceso social que le tocó vivir y con la expresión de turno, pidió a quienes le hicieron su apoderado que se abriesen a la masa, que evitasen los endriagos y los broqueles. Les pidió retomar los surcos, las fraguas y las cantimploras. Prologó, antologó, premió, justificó.

Cuando fue necesario, usó las palabras «oscuro» y «hermético» en sus diatribas.

Consumida la ración de efervescencia, su ceño fue enturbiándose con otro tipo de severidad y hubo de celebrar los nuevos giros, el rompimiento con las formas tradicionales, la búsqueda formal, la riqueza lexical. Su cólera iba contra la llaneza, el panfleto, el sentimentalismo. Vinieron nuevos prólogos, nuevas antologías, nuevos premios, nuevas justificaciones. Tuvo la suerte de acuñar los neologismos que hicieron falta, y que prendieron con toda naturalidad en el número creciente de reseñistas que iba surgiendo.

Y así entonces: «Poesía colmada de vivencias, cuidado formal y de singular calidad, un ejemplo altamente atendible dentro del panorama de la lírica actual...»

Para suerte suya, fue por aquí que el arte y la literatura comenzaron a ser medidos y enjuiciados de otras maneras. Grandes corrientes comenzaron a inundarlo todo, y lo que antes fueran un texto o una pieza, cobraron otra dimensión que nadie habría podido entrever sin contar con el instrumental necesario.

Tras un periodo en que tuvo que adaptar sus enfoques obsoletos a esos otros que seguían desgranándose incesantemente, y habiendo actualizado sus lecturas y metodologías, se sintió lúcido por primera vez y descubrió que la razón primordial de su oficio nunca había sido buscar especificidades, sino hacer generalizaciones. Podía enjuiciar y absolver sin tener que usar nombres. Podía incluso darse el lujo de no tener un estilo.

Sí, también estaban esos libros que no solicitaba y le llegaban en busca de un elogio sincero, pero su repertorio de términos había crecido, ¿y quién no iba a someterse a palabras tan convincentes como «desterritorialización» y «recontextualizado»? Para precaver, y no ser tildado de flexible, a cada rato apuntaba al horizonte y repetía que ya nada era original ni creíble, cuidándose de no ofrecer ejemplos.

Ahora se siente libre de prejuicios, y ya no le importa si quien escribe es un jovenzuelo bocón o un octogenario empalagoso. Sabe que hay una línea que traspasa la expresión, y viene siendo lo mismo en unos y otros. Y que no sirve de nada.

Queda una gota de luz en el aposento. Casi dormido, se rasca una nalga y farfulla algo que pudiera ser temible o piadoso, pero que no se recoge con el ruido del libraco que cae de su regazo al piso de madera. Manto piadoso, dicen. Espejo roto, agrega su enemigo oculto, el que nunca lo absolverá.

ÍNDICE

Entrevista con el inquisidor	7
Mercados de aves y otros sitios	11
El barrio pobre de la poesía urbana	14
Instrucciones para ganar	
un concurso internacional de poesía	17
Nota por Alexander Solzhenitsyn (1918-2008)	20
Miserias del traductor	22
Norberto Fuentes le agita la merienda a Senel Paz	24
Rosario senil para poeta virginal	27
Avatares del sujeto lírico	29
La UNEAC como dama de compañía	33
Citar mal	36
Historia del miedo virgiliano	43
Resaca de poesía inaugural	55
Feed your head!	58
Empujando con Miguel Barnet	60
Fernández Retamar, reescritura y circunstancia	64
René Vázquez Díaz: jarabe de cundeamor	68
El ángel del umbral interroga al poeta integrado	70
Que trata del reclamo de paternidad que hace	
Norberto Fuentes sobre la disidencia literaria en Cuba,	
y su propia relación con el orden *ornithorhynchus*	73
Instrucciones para escribir poesía moderna	76

Elogio del hijo renegado	79
El ángel del umbral interroga a Cynthio Vitier	81
El Cervantes como limosna	84
Receta de novela cubana	86
Escritura de taller o cómo arreglar al pobre Cervantes	88
Cómo perder dinero en Buesa	92
Introducción a la metatranca	94
Lechada y cuenta nueva sobre Lezama	103
Libros x leche condensada: un muestrario	106
Aterrizaje con libro de Elvia Rosa Castro	110
Nuevas aplicaciones de la herejía insular	113
Sobre la utilidad de los puntos de fuerza: la poesía de Sonia Díaz Corrales	117
Carta reseña: R.U.Y.	121
Memoria=imaginación	124
Cuando no queden archivos por desempolvar	128
Te estoy leyendo en el baño	131
De cuando al crítico se le paró escribiendo una reseña de poesía	133
Luis pavón: queda escrito	135
Crisis de los misiles en la poesía cubana	139
Levantando un caso contra la fauna decimista	141
La cultura	144
Los 99 estigmas de la literatura cubana	145
Retrato de crítico con espejo roto	160

www.ingramcontent.com/pod-product-compliance
Lightning Source LLC
Chambersburg PA
CBHW031957080426
42735CB00007B/425